E Y L A N T

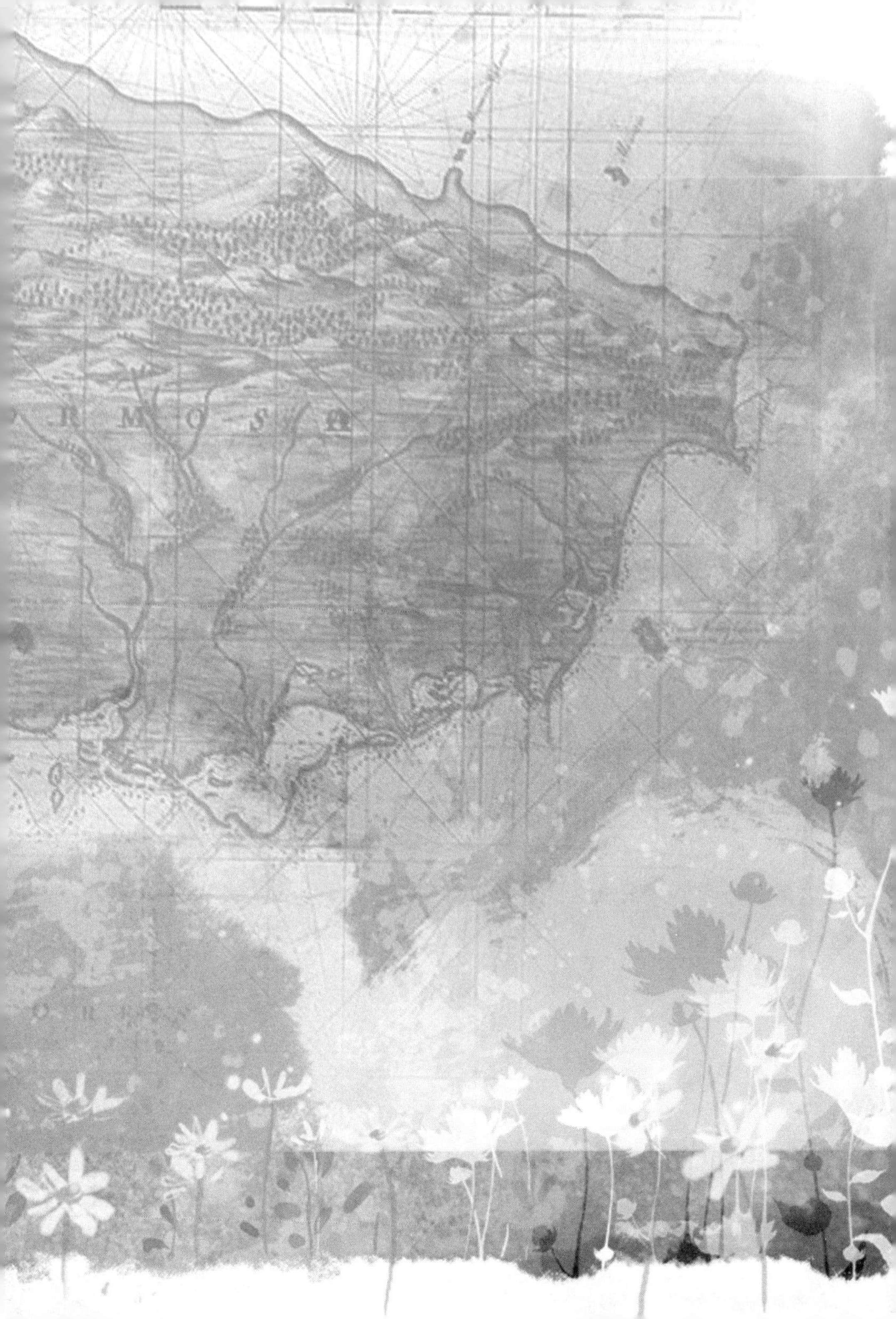

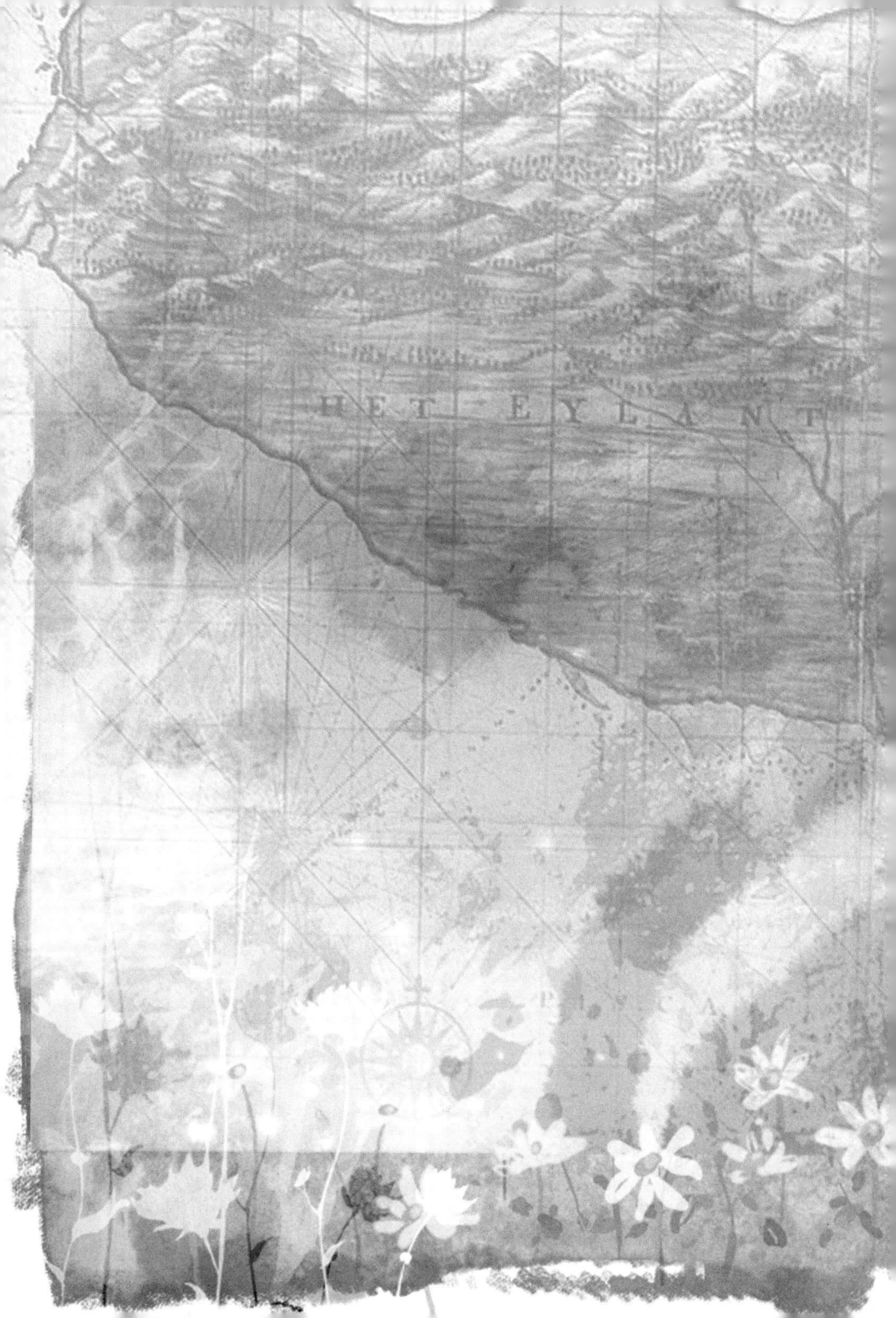
HET EYLANT

愛臺灣，真英雄！

編輯序

當孩子不愛讀書……

慈濟傳播人文志業中心出版部

親師座談會上，一位媽媽感嘆說：「我的孩子其實很聰明，就是不愛讀書，不知道該怎麼辦才好？」另一位媽媽立刻附和，「就是呀！明明玩遊戲時生龍活虎，一叫他讀書就兩眼無神，迷迷糊糊。」

「孩子不愛讀書」，似乎成為許多為人父母者心裡的痛，尤其看到孩子的學業成績落入末段班時，父母更是心急如焚，亟盼速速求得「能讓孩子愛讀書」的錦囊。

當然，讀書不只是為了狹隘的學業成績；而是因為，小朋友若是喜歡閱讀，可以從書本中接觸到更廣闊及多姿多采的世界。

問題是：家長該如何讓小朋友喜歡閱讀呢？

專家告訴我們：孩子最早的學習場所是「家庭」。家庭成員的一言一行，尤其是父母的觀念、態度和作為，就是孩子學習的典範，深深影響孩子的習慣和人格。

因此，當父母抱怨孩子不愛讀書時，是否想過——

「我愛讀書、常讀書嗎？」

「我的家庭有良好的讀書氣氛嗎？」

「我常陪孩子讀書、為孩子講故事嗎？」

雖然讀書是孩子自己的事，但是，要培養孩子的閱讀習慣，並不是將書丟給孩子就行。書沒有界限，大人首先要做好榜樣，陪伴孩子讀書，營造良好的讀書氛圍；而且必須先從他最喜歡的書開始閱讀，才能激發孩子的讀書興趣。

根據研究，最受小朋友喜愛的書，就是「故事書」。而且，孩子需要聽過一千個故事後，才能學會自己看書；換句話說，孩子在上學後才開始閱讀便已嫌遲。

美國前總統柯林頓和夫人希拉蕊，每天在孩子睡覺前，一定會輪流摟著孩子，為孩子讀故事，享受親子一起讀書的樂趣。他們說，他們從小就聽父母說故事、讀故

編輯序

事，那些故事不但有趣，而且很有意義；所以，他們從故事裡得到許多啟發。希拉蕊更進而發起一項全國的運動，呼籲全美的小兒科醫生，在給兒童的處方中，建議父母「每天為孩子讀故事」。為了孩子能夠健康、快樂成長，世界上許多國家領袖，也都熱中於「為孩子說故事」。

其實，自有人類語言產生後，就有「故事」流傳，述說著人類的經驗和歷史。故事反映生活，提供無限的思考空間；對於生活經驗有限的小朋友而言，通過故事可以豐富他們的生活體驗。一則一則故事的累積就是生活智慧的累積，可以幫助孩子對生活經驗進行整理和反省。

透過他人及不同世界的故事，還可以幫助孩子瞭解自己、瞭解世界以及個人與世界之間的關係，更進一步去思索「我是誰」以及生命中各種事物的意義所在。

所以，有故事伴隨長大的孩子，想像力豐富，親子關係良好，比較懂得獨立思考，不易受外在環境的不良影響。

許許多多例證和科學研究，都肯定故事對於孩子的心智成長、語言發展和人際關係，具有既深且廣的正面影響。

為了讓現代的父母，在忙碌之餘，也能夠輕鬆與孩子們分享故事，我們特別編撰了「故事home」一系列有意義的小故事；其中有生活的真實故事，也有寓言故事；有感性，也有知性。預計每兩個月出版一本，希望孩子們能夠藉著聆聽父母的分享或自己閱讀，感受不同的生命經驗。

從現在開始，只要您堅持每天不管多忙，都要撥出十五分鐘，摟著孩子，為孩子讀一個故事，或是和孩子一起閱讀、一起討論，孩子就會不知不覺走入書的世界，探索書中的寶藏。

親愛的家長，孩子的成長不能等待；在孩子的生命成長歷程中，如果有某一階段，父母來不及參與，它將永遠留白，造成人生的些許遺憾——這決不是您所樂見的。

作者序

英雄並沒有走遠

◎吳燈山

時間像一條湍急的河流，一去永不回頭；瞬息萬變的世事浮浮沉沉，隔一段時日便消失無蹤；唯有歷史的記載和英雄人物的事蹟，發出太陽般耀眼的光芒，照亮人類的旅程。這就是歷史學家喜愛研究歷史的原因。

英雄人物是活躍於歷史大舞臺的主角，他們一舉一動的精采演出，牽動時代的變遷；他們氣蓋山河的豪情和救國救民的壯志，可說驚天地、泣鬼神。這就是我寫這本書的原因。

本書以英雄人物為經，歷史背景為緯，試圖編織出臺灣三、四百年來的血汗奮鬥史。不僅希望能讓全世界的人認識臺灣先民華路藍縷的奮鬥過程，更期待生於斯、長於斯的臺灣同胞，瞭解這段歷史過往後，在崇拜英雄之餘，更能珍惜現今所有，開創幸福的未來。

臺灣是東亞航線的重要地標，許多航線經過臺灣附近海域。十六世紀中葉，葡萄牙船隻經過臺灣海面時，船員站在甲板上遠眺，發現臺灣島上高山峻嶺、林木蔥綠，十分美麗，忍不住高呼：「Ilha Formosa」（美麗之島）。從此，「福爾摩沙」（Formosa音譯）便成為西方人對臺灣島的稱呼。

打開臺灣歷史，十六世紀中葉，中臺灣出現「大肚王國」；十七世紀上半葉，西班牙人和荷蘭人分別在臺灣西北部和西南部進行殖民統治。之後，荷蘭人趕走西班牙人，鄭成功又趕走荷蘭人。

作者序

十九世紀末，甲午戰爭失敗，清廷把臺灣割讓給日本；直到一九四五年第二次世界大戰結束，日本戰敗、臺灣光復，才得以重回祖國懷抱。

不要小看臺灣這塊蕞爾小島，它可是地靈人傑，在全中國的排行榜中拿到好幾項冠軍。全中國第一條由國人主導修建的鐵路、第一套電報系統、第一家由國人自辦的電力公司，都由臺灣包辦。

還有，三百年前，臺灣已經有了轉口貿易；一百五十年前，出口樟腦為臺灣贏得「世界第一」的王冠；一百年前，臺灣是全中國最進步的一省。

臺灣能有今天的富庶繁榮，先民們的奮鬥功不可沒。先民不只是努力開墾這片土地，他們更發揮智慧和潛能，以無比的信心和滿腔的熱血墾荒闢地，才能開創出世人稱羨的「寶島臺灣」。

「典型在夙昔」，英雄並沒有走遠。書中三十位英雄點燃的三十盞明燈，發出耀眼的光芒，照亮了我們走過與未走過的路程，並指引我們邁向充滿希望的大未來。

我們活著並不孤獨，一路有英雄相伴。謹記先人的行誼和經驗，踏實走出每一個步伐；只要心中有愛，點燃大愛的燭火，照亮自己也照亮別人，我們生命裡的每一天，都將是璀璨歡欣的。

目錄

編輯序　當孩子不愛讀書　02

作者序　英雄並沒有走遠　06

渡海來臺的先祖——阿立祖　12

智勇雙全——大肚王　19

收復臺灣第一人——沈有容　26

抗荷領袖——郭懷一　35

奠定臺灣根基——鄭成功　44

臺灣諸葛亮——陳永華　52

開鑿八堡圳——施世榜　60

拓荒英雄——張達京　69

興建瑠公圳——郭錫瑠　77

開墾蘭陽平原——吳沙　86

捍衛臺灣的老將——王得祿　95

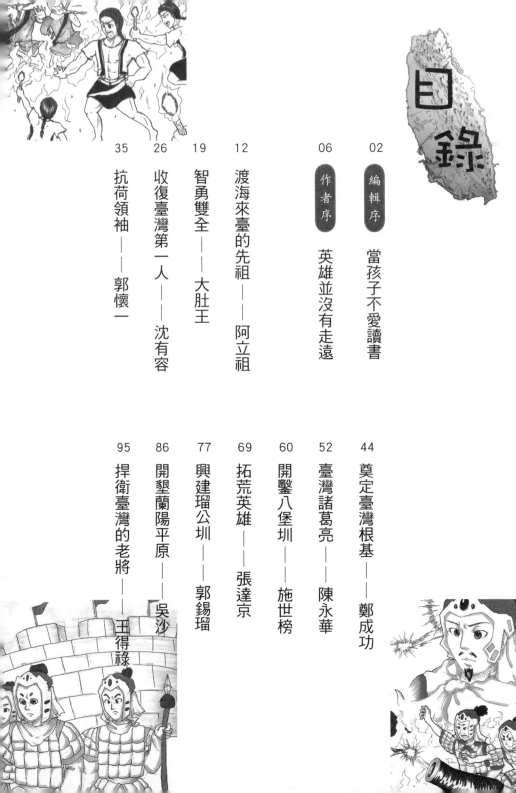

103 籌建鳳山水圳工程——曹謹
111 讓臺灣變強了——沈葆楨
120 推動臺灣現代化——劉銘傳
129 義不降倭——劉永福
138 心胸開放的富豪——李春生
147 開發臺灣後山——胡傳
155 愛臺商人——林維源
163 英明頭目——卓杞篤
171 醫病也醫心——黃玉階
179 化平凡為神奇——洪鴦
187 南臺灣抗日英雄——余清芳
195 慷慨抗日的原民英雄——莫那魯道
204 熱血的生命鬥士——蔡培火
213 以「臺灣孫中山」自許——蔣渭水
221 臺灣第一位博士——杜聰明
229 彰化媽祖——賴和
237 以生命創作藝術——黃土水
245 以筆墨伸張正義——楊逵
253 寫下不朽樂章——江文也

渡海來臺的先祖——阿立祖（生卒年不詳）

明朝末年，大陸沿海某座山上有個小部落，酋長的名字叫阿立（族人尊稱為阿立祖）。他是一位熱心服務、充滿幹勁的中年人，無時無刻不在為族人的生計而費心。

阿立眼見大地乾旱的情況日益嚴重，田裡的農作物因缺水而枯死，阿立不禁眉頭深鎖。「居住地土壤太貧瘠了，魚獲又少得可憐，族人普遍過著忍飢挨餓的苦日子，怎麼辦？」

阿立日夜苦思對策，可是無計可施，他的心痛有如刀割。

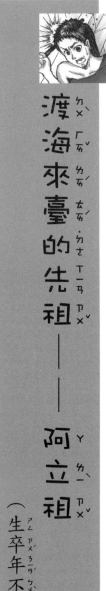

有一次，阿立去拜訪臨近部落的白髮老酋長，酋長告訴阿立：「聽說東方海上有個長生不老的理想世界——蓬萊仙島，四季如春、物產豐饒，最適合人類居住。」

阿立一聽，內心十分振奮，返回部落後立刻召集族人，表明渡海尋找新居住地的決心。

經過一陣熱烈討論後，不少年輕壯士願意加入航海探險的行列；然後便開始造船，不停趕工。

阿立告訴族人：「造船是一件莊嚴神聖的事，不能講不吉利或罵人的話；為了尊重山林，我們必須慎選船身的材料，不可亂砍林木。」

經過半年，他們終於完成了一艘美麗又堅固的船。

阿立指揮大家將食物和家當搬上船，並選了一個黃道吉日，祭拜天神、祈求庇佑，然後率領眾人登上船隻。

阿立站在船頭下令：「出發！」船緩緩駛向大海，開始了一段驚心動魄的探險旅程。

一開始，天氣晴朗，船在寂靜的大海中航行，大家有說有笑的欣賞海上風光。

過了幾天，突然烏雲密布、狂風大作，海浪猛襲船身。族人個個嚇得臉色鐵青，大叫：「完了！船要翻了……救命啊！」

阿立內心雖然著急，但是隨即鎮定下來，指揮族人與風浪搏鬥，並親身掌舵。

隔天清晨，烏雲漸漸散去，太陽總算露臉；還好，船只是輕微損壞而已。

沒想到，他們此後災難不斷，先後遭到暴風雨和鯊魚的攻擊；在危機四伏中，幸賴阿立的鎮定指揮和族人的通力合作，終能化險為夷，平安無事。

然而，更大的災難還在後

頭等著他們。

半個月後，阿立發現船上存糧不足，飲用水也將用盡。他立刻召集船員，要大家共體時艱；不僅食糧減半，飲用水也做了限制。

雖然大夥兒已經盡量減少消耗，沒有糧食補給的他們，狀況還是愈來愈糟。阿立不得不與族人釣魚果腹，並在下雨時拿出鍋盆碗瓢，承接雨水應急。

有一天，海上突然濃霧瀰漫，能見度不到一公尺，船在濃霧中打轉——他們在茫茫大海中迷航了！

不知漂流了多久，族人一個個驚魂難定、無語問蒼天。阿立祖在甲板上仰望蒼天後就長跪不起，喃喃祈求天神庇佑。

或許是他的誠心感應了天神降臨，東方天空突然出現一朵祥雲，發出熠熠神光；他們個個喜出望外，認為這是天神降臨指示方向，便隨著祥雲航行。

「大家快看！」突然有人大喊，「前面有島嶼啦！我們得救了！」

眾人一陣歡呼，探險船終於越過臺灣海峽，在傳說中的蓬萊仙島（臺灣）的西部靠岸。

阿立祖帶領族人來到臺灣後，教導族人「勤耕敬神」、「敦親睦鄰」；他怕族人忘記，還把這些講話譜成歌曲，讓族人能隨時琅琅上口。

後來，阿立祖成了西拉雅族人的祖靈，後輩子孫都以他為榮。每年一到農曆九月初五這一天，族人都會扶老攜幼來到公廨（祭祀場所）祭拜他，看尪姨（女巫）念祭文，聽長輩講百聽不厭的阿立祖渡海開墾家園的故事！

阿立祖告訴族人，為了尊重山林，不可以亂砍林木；這麼做對山林有什麼好處呢？小朋友，你喜歡「蓬萊仙島」嗎？我們應該怎麼做，才能讓仙島永遠「四季如春、物產豐饒」呢？

智勇雙全——大肚王

（？年至一六四八年）

十七世紀時，在現今大肚鄉大肚溪畔的平埔族裡，出現一位叱吒風雲、深具影響力的傑出酋長。由於他的武藝高強、處事圓融，很快就成為跨部落首領，深受族人的愛戴和擁護。

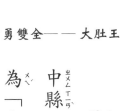

最盛時期，他曾同時統轄多達二十七個村社，地區包括今天的臺中縣、彰化縣以及部分南投縣；就連原住民也對他敬畏三分，尊稱他為「白晝之王」或「太陽王」，一般人則稱呼他「大肚王」。

大肚王身材魁梧、身手不凡，是位文武雙全的領導者。年輕時，他參加拍瀑拉族（平埔族的一支）大肚社的射箭比賽，箭無虛發，箭箭正中紅心而贏得「神射手」的美名。

在每年例行的打獵活動中，他更是一馬當先、拔得頭籌，率先獵捕到山豬，成為族人心目中的「打獵王」。

不僅如此，大肚王天生力大無窮，背負重物爬山不喘不累，像走平地一樣輕鬆；最令人讚歎的，是他強大的臂力。

有一天，族裡突然來了一隻猛虎，小孩子嚇得嚎啕大哭。大肚王不慌不忙，一手拔起身旁的小樹，用力向老虎砸去；猛虎變成了膽小貓，嚇得拔腿就跑，一下子逃得無影無蹤。

族人都說，大肚王是部落裡最勇猛的大力士。於是，當老酋長病故後，他順理成章的成為大肚社的新酋長。

這位擁有超強體力的新酋長，曾在一次節慶活動中顯露身手。在族人眾目睽睽之下，他縱身一躍，跳入湍急的大肚溪中。

這時正逢雨季，溪水洶湧澎湃；可是，再險惡的水流對他也莫可奈何。他像游魚般自由自在的在激流中穿梭前進，順利到達對岸。

然而，新酋長似乎還不過癮；來回橫渡足足十次後，才在族人熱烈的歡呼和掌聲中從容上岸。

就任後的新酋長很快學會巫術、咒語，經過他施過法後的稻田，農作物必定大豐收；而且，稻秧生長期間，鹿兒、牛、豬等牲畜也不敢任意進入踐踏。

鄰近村社耳聞大肚王的種種傳奇，起先都抱持懷疑態度；後來，當他們目睹大肚王的傑出表現後，各村社酋長便心服口服的帶領族人前來拜見，表明願意接受大肚王的領導。

成為超部落領導者的大肚王，處事公正無私，各部落如果發生紛爭，他都能秉公處理，不徇私、不護短；因此，加入跨部落聯盟的村社有增無減。

有了大肚王的英明領導，拍瀑拉族人過了一段豐足安順的日子。

可是，天有不測風雲——西元一六二四年，遠在歐洲西北部的荷蘭人開始侵略臺灣；他們先攻打臺灣西南部，又從海上征服北臺灣。

後來，為了打通臺灣西部的南北路交通，自一六四四年起三番兩次征討大肚王國；但是，遭到大肚王和族人的奮勇抵抗。

大肚王知道，族人的木刀、弓箭抵擋不了洋人的槍砲炸彈；如果正面衝突，必定死傷慘重。於是，他採取叢林放火的阻擋戰術，希望能將死傷減到最低。

大肚王叢林放火的策略相當成功；荷蘭人屢次進攻，都被熊熊大火阻擋去路，根本無法越過

叢林，更甭說和拍瀑拉人面對面的火拚了。

荷蘭人好幾次信心滿滿而來，卻被大火阻擋去路，只得無功而返。

他們的指揮官眼見屢攻無效，氣得七竅生煙；後來，打聽到原來敵方有個智勇雙全的領導者，便暫時按兵不動。不久後，他下令部隊撤離，免得夜長夢多，遭到大肚王偷襲。

隔年，荷蘭人做了萬全的準備，不僅增添士兵，武器也更精良，打算一舉擒下大肚王。

大肚王明知荷蘭人來勢洶洶、有備而來，可是並不畏懼，英勇率領族人以簡陋的刀、箭應戰。

這場「雞蛋碰石頭」的戰役，結果如何可想而知。俗話說：「識時務者為俊傑」；最後，大肚王為大局著想，不得不向荷蘭人投降。

不過，大肚王國仍維持半獨立狀態，不接受基督教，只讓荷蘭人通過領土而已，不准他們定居，也沒有設荷蘭語的翻譯員。

這就是臺灣第一英雄大肚王的骨氣和作風；雖然戰敗了，依然是鐵錚錚一條漢子，仍保有自身的尊嚴。

小朋友，由大肚王的故事來看，你覺得一個優秀的領導者需要哪些條件呢？是「武藝高強」、「公正無私」、或是高明的戰術以及抗敵英勇？自己能如何培養這些能力呢？

收復臺灣第一人——沈有容

（一五五七年至一六二七年）

在澎湖馬公的媽祖廟「天后宮」後殿，一塊斑駁的石碑上有著十二個字；字體雖然已經模糊，可是筆力蒼勁，風格古樸。碑上的字跡依稀是「沈有容諭退紅毛番韋麻郎等」。

這塊碑文述說的，是一位智勇雙全的沈有容將軍的故事。故事要從明朝萬曆中葉說起……

沈有容將軍是安徽宣城人，從小習武，又好讀兵書；長大後立志報效朝廷，順利考取鄉試的武舉。

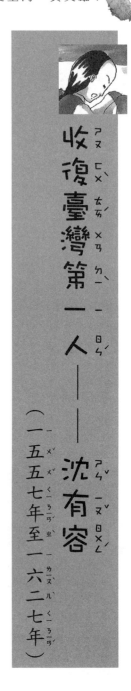

有一天，他正氣凜然的對父親說出心中志向：「如今國家積弱，大丈夫怎能局限於八股文而無作為呢？應該效法霍去病、班超等人立功異邦啊！」

他的父親聽了，十分肯定他的志向，不斷的點頭稱許。

萬曆二十九年，大陸東南沿海倭寇猖獗，到處燒殺掠奪，百姓苦不堪言。沈有容奉巡撫的命令，建立水師，訓練精兵，準備給倭寇致命的一擊。

時機終於到來！日益囂張的倭寇竟然出海占領東番（今臺灣西南部一帶），作為攻打大陸的根據地。為免倭寇往後無窮無盡的騷擾，巡撫命令沈有容率領水師前往剿平。

為了這個行動，沈有容足足準備了一年；先是派漁民偵察敵情，接著繪製進攻地形圖。

隔年十二月，他親自率領二十四艘戰艦揚帆出征！途中，不少將士先後前來建言：「這個季節北風大作，黑水溝（臺、澎附近的海域）風浪險惡，出征不宜，趕緊回航啊！」

沈有容總是堅定的對大家說：「作戰講究的是出奇制勝，攻其不備才能一舉得勝；至於航途中的險阻，又算得了什麼呢？」

黑水溝果然危險萬分。第二天，當船隊來到黑水溝，只見海上狂風大作，滔天巨浪接連而起，大浪把船隻當作玩具般拋上又拋下，險象環生。

面對險惡風浪，沈有容將軍沉穩堅定，連下好幾道命令：「掌穩舵，直航東番！」

士兵被沈將軍的勇氣折服，奮勇和狂風巨浪展開激烈的搏鬥；經過一夜同心協力的奮鬥，終於喚來黎明。在清晨時分，順利通過人人聞風喪膽的黑水溝。

沈將軍認為機不可失，立刻下了一道直搗黃龍的命令；此時，倭寇大多還在睡夢中，紛紛倉皇逃竄。

沈將軍大獲全勝，成果輝煌；賊船被毀六艘，倭寇死傷不計其數，同時救回被擄漁民三百七十多人。從此，日本海盜對他畏懼有加，暫時打消侵占臺灣的野心。

只是，好景不常；走了倭寇，卻來了西洋紅毛番。萬曆三十二年（西元一六〇四年），巡撫接到消息，說荷蘭聯合艦隊司令韋麻郎占領了澎湖。

巡撫大驚，立刻召見沈有容，神情嚴肅的說：「當年廣東准許葡萄牙人通商，結果葡人來了就趕不走；現在要是讓荷蘭人占了澎湖，中國將永無寧日。你有勇有謀，一定可以擔起

這個重任，保衛國土的安全。」

沈有容將軍回答：「大人請放心！末將以為，兩虎相鬥、必有一傷；不如曉以大義，讓他明白無利可圖、無機可乘，自然就會撤兵離去。」

當天，沈將軍親率戰船五十艘，直航澎湖；登陸後，他隻身前往敵營，會見荷蘭聯合艦隊司令。

韋麻郎沒想到明朝軍隊會來得這

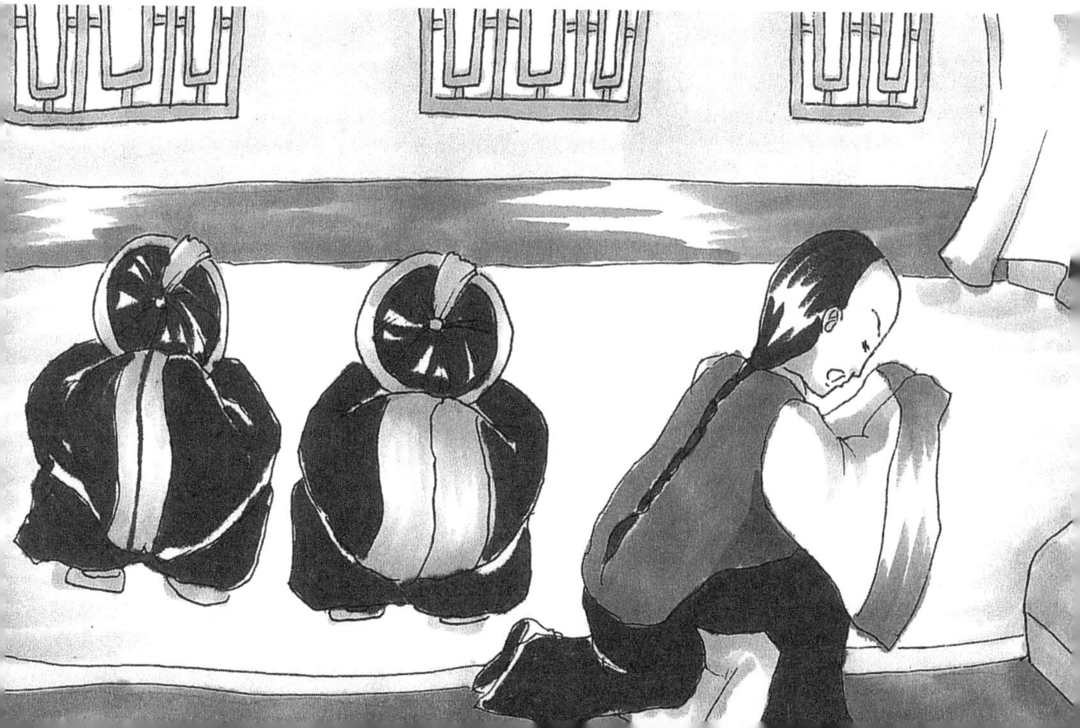

麼快，心裡已經有了怯意；等他看見獨自前來的沈有容相貌堂堂、豪氣干雲，不禁打從心底佩服他的勇氣。

上了談判桌，沈有容辯才無礙、言辭鋒利，更讓韋麻郎心服口服。

沈有容說：「本朝嚴禁外人通商貿易，想必你們早已知情；你們擅自占領澎湖，於法不容。我勸你們快快離去，到別地通商交易，否則兩軍開戰，必然死傷慘重。你們千里迢迢而來，錢沒賺到，卻落個身死異鄉的慘狀，不是太不值得了？」

韋麻郎嘆了一口氣，說：「我從來沒聽過這樣大義凜然的話。」然後低頭沉思進退的問題。

這時候，他的部下卻不服氣的說：「中國重兵船隊到此，氣燄高張，無非是要消滅我們。我們可不是沒膽量、怕死的人！請司令下令，讓我們跟他們決一死戰吧！」

沈有容正義凜然的說：「你們原本說來此是為了通商，現在卻說要戰鬥，不是擺明蓄意侵略嗎？可是，我要提醒你們，你們知道天朝（指中國）的武力有多雄厚嗎？如果你們執迷不悟，一旦我下令斷了你們的糧食飲水，只怕你們要餓死他鄉了。」

韋麻郎沉思片刻後，當面宣布撤離澎湖的重大決定。

沈有容不費一兵一卒便趕走荷蘭人。他可說是收復臺灣的第一人，比鄭成功足足早了六十年。

給小朋友的貼心話

沈有容為了剿平倭寇，花了很多心血，足足準備了一年。

小朋友，一件事情的成功或失敗，跟準備工作很有關係；做足了準備，信心十足，就更容易成功呵！

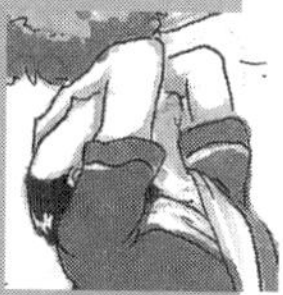

抗荷領袖——郭懷一

（？年至一六五二年）

由於歐洲航海事業的發達，各國為了積極拓展商業，紛紛自十六、十七世紀，在海外占領殖民地；例如，葡萄牙占領澳門，西班牙占領菲律賓，荷蘭占領臺灣。

荷蘭人占領臺灣後，先在大員（今臺南安平）建立熱蘭遮城，掌控南臺灣；再以威逼利誘方式降伏許多原住民部落的長老，要他們向荷蘭人宣示效忠。

在荷蘭人的高壓統治下，原住民的日子越來越難過。

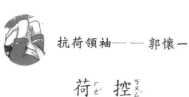

而從中國大陸移民來的漢人，日子更不好過。荷蘭人限制漢人不得任意集會結社，私藏武器；更不准他們擁有私人土地，以防止漢人累積財富……

林林總總的壓迫措施，讓忍無可忍的漢人心中燃起熊熊怒火；他們偷偷聚會，商討對策。

「紅毛鬼子太可惡了！耕田要繳錢，捕魚要繳錢，打獵要繳錢，連七歲小孩也要開始收錢了！」

「這批紅毛番太沒人性，竟然強迫我們信仰洋教，否則就要我們跟老婆離婚，簡直喪盡天良！」

會場上哀怨和譴責聲此起彼落。

忽然，「砰」的一聲，眾人的領袖郭懷一用力拍桌，然後站了起來。他看了看大家，以宏亮的聲音說：「弟兄們，我們不能再讓荷蘭人任意宰割了！身為漢人領袖的我，沒有辦法再忍氣吞聲下去了，我決定跟荷蘭人反抗到底！」

郭懷一登高一呼，全部與會人員都熱血沸騰，紛紛表態願意追隨他趕走荷蘭人。

他們商討出一個妙計：在中秋節晚上，邀請荷蘭長官前來參加晚會，趁他們酒醉時將其撂倒；然後假裝護送長官回家，欺騙看守的士兵打開城門，大夥兒就趁這個機會攻入熱蘭遮城，殺得荷蘭人措手不及……

這個大家認為周全的計畫，卻隱藏料想不到的危機。

郭懷一的弟弟得知這個消息後，認為這簡直就像是拿雞蛋丟石頭般的蠢事！他不相信以木棍對抗槍砲會有任何勝算；貪生怕死的他，擔心起義失敗後受到牽連，因此偷偷跑去告密。

當郭懷一得知弟弟洩密的消息時，內心悲痛萬分。為免夜長夢多，郭懷一抱著九死一生的決心，下令當天晚上立刻付諸行動。

那是個月黑風高的夜晚，郭懷一帶領一大群漢人，手中拿著鋤頭、棍棒、鐮刀等簡單器具，安靜、快速的摸黑前進。

很快的，他們來到當時的商業中心——普羅民遮街。

「衝啊！」

郭懷一下令進攻，一行人隨即發出聲聲怒吼，奮勇殺進市街內；這群平日受盡荷蘭人欺負的漢人，專找荷蘭人下手。

街上的荷蘭人看見許多憤怒的漢人衝了過來，想逃跑已經來不及了，當下被亂棍活活打死。

雖然打死了幾名荷蘭人，他們心中的怒氣未消，接著又放火燒毀荷蘭人的房屋；熊熊烈火迅速蔓延，街上頓時陷入一片火海。

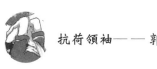

突然，火海中竄出三匹駿馬；原來，有三名荷蘭人趁著混亂之際騎馬逃走，奔往大員求救。

不久後，荷蘭長官帶領配備精良武器的士兵前來支援。這些士兵個個驍勇善戰，手握會噴火的武器；他們奉命遇到暴民就開槍，手下決不留情。

「砰！砰！砰！」頓時槍聲大作，一顆顆無情的子彈瘋狂的朝漢人射去。

木棍終究抵不過槍砲；在嚴密的火網中，漢人一個接著一個倒地。

領袖郭懷一看見這種情況，簡直心如刀割。為了提振士氣，他冒著槍林彈雨的危

險，率先向前衝鋒，並且大喊：「衝啊！殺啊！」

由於他的目標太過明顯，馬上成為荷蘭人瞄準的目標；一陣槍聲大作後，郭懷一就像一個活動槍靶，全身已如蜂窩。

郭懷一倒下之前，依然不停的喊著：「紅毛鬼子滾開！滾回去！」

漢人看見擁戴的領袖倒地了，一個個義憤填膺、奮勇向前，試圖為領袖報仇；他們早已將生死置之度外，揮舞著手中簡陋的武器，發出尖銳悲慟的吶喊。

可是，雙方的人員與武器畢竟天差地別；漢人一個個倒下，死傷非常慘重。

群龍無首的起義隊伍欠缺作戰經驗，一直處在挨打的局面；最後，他們只得往歐汪（今高雄岡山）一帶撤退。

荷蘭人哪能輕易善罷甘休；除了一路窮追猛打之外，並且聯合平埔族人到處搜捕，甚至發出「一顆人頭換取一匹布」的獎賞令，獵殺行動絲毫不鬆懈！

經過半個月的對抗，數千名漢人犧牲了生命。

事件雖然以失敗落幕，但火種依然存在；只要遇上適當時機，起義的烈火將重新燃起！

荷蘭人的壓迫，終於讓臺灣人民起而反抗了！

小朋友，你會喜歡被別人欺負嗎？別人欺負你，你是不是會很生氣呢？（你們可能會因此吵架，或去找大人評理）那麼，也要注意自己，不要欺負別人呵！

奠定臺灣根基——鄭成功（一六二四年至一六六二年）

「呱……呱……呱……」一陣陣宏亮的嬰兒哭聲，從日本長崎縣的海邊沙灘傳揚開來，產婦是一名日本女子田川氏；她挺著懷有身孕的大肚子散步到沙灘撿貝殼時，突然腹部一陣劇痛，產下一個小男嬰。當時沒人知道，這個小男嬰長大後正是扭轉臺灣命運的關鍵人物——鄭成功。

鄭成功的父親鄭芝龍原本是海盜顏思齊的部下。顏思齊死後，鄭芝龍被推舉為首領，接掌所有事業，經常來往於臺灣和日本之間，後來還娶了日本女子，並生下鄭成功。

鄭成功和日本的緣分很淺；七歲那年，他就隨一家人搬回了故鄉福建。鄭成功在日本取名叫「福松」，回到福建定居後改名為鄭森。時光飛逝，轉眼間鄭成功已長大成人；經過十多年的教育及歷練後，他已經是個文武全才的優秀青年，眉宇間流露一股英氣。

當時局勢十分混亂，許多明朝忠臣先後擁立福王、魯王、唐王和桂王對抗清兵，希望有朝一日能復興明朝。

二十歲那年，鄭芝龍有一天把兒子叫到面前對他說：「孩子，我們是漢人，決不接受外族清兵的統治！」鄭成功把父親這句話牢牢的記在心裡。

誰也料想不到，局勢急轉直下，明朝被清兵打得毫無招架之力，眼看就要滅亡。鄭芝龍怕事業不保，便在福州擁立唐王朱聿鍵為隆武帝，來鞏固自己的政治地位。

隆武帝見到鄭成功時，只能用「驚喜」兩字來形容。隆武帝忍不住拍拍他的背說：「真是個相貌堂堂的青年英雄啊！可惜我沒有女兒可以賜婚……這樣好了，我就賜個姓給你吧！」

於是，鄭森就改姓「朱」，名為「成功」，還受封為「招討大將軍」，並受賜尚方寶劍。從此，民間就稱他為「國姓爺」。

不久後，清軍大舉進攻，隆武帝被捕遇害。鄭芝龍信心動搖，打算歸順滿清。鄭成功勸阻說：「爹！您記得以前是怎麼對孩兒說的嗎？請您三思，不可投降啊！」鄭芝龍沒有理會兒子的話，還是投降了清朝。鄭成功只好黯然離開，暫居金門。

後來，鄭芝龍被清廷軟禁，鄭成功的母親不堪受辱，自殺身亡，悲痛萬分的鄭成功決定高舉反清復明的旗幟。

唐王死後，駐紮在廣東肇慶的桂王十分賞識鄭成功，封他為「延平王」，讓鄭成功的軍隊士氣大振。可惜，之後的北伐南京失敗，連福建的基地都守不住。

鄭成功決定在臺灣建立新的根據地。他於一六六一年從臺南鹿耳門登陸，跟占領臺灣的荷蘭人展開一場激烈的戰爭。

鄭成功的軍隊火力全開，先攻下地勢較高的烏特勒支碉堡（今安平第一公墓），再乘勝追擊，炮轟熱蘭遮城；頓時，城裡烈焰沖天，城堡崩塌。

荷蘭人眼見大勢已去，結束在臺灣長達三十八年的統治，棄城投降，黯然返回荷蘭。

鄭成功在臺灣的政權從此開展。他迅速建立「東都」，設一府（承天府）與二縣（天星縣、萬年縣），澎湖則設置安撫司，

這也是臺灣最初的郡縣制度。

此外，他的「軍屯」政策更令人激賞。

「實施軍屯是開墾荒地的最好方式。農忙時節就務農，閒暇時候就進行軍事訓練；一邊墾地種田，一邊練武操兵，自給自足。」鄭成功這種「寓兵於農」的政策真是高招，不僅解決了軍隊糧食不足的問題，也開墾了大片荒地。

不過，人畢竟不是鋼鐵做的；長期的勞碌奔波讓鄭成功耗盡心力，健康亮起了紅燈。

有一天晚上，鄭成功獨坐書房，窗外一輪殘月灑下些許清輝；望月懷想，鄭成功內心有著無限感慨。

不久之前傳來消息：父親被清朝無情斬殺，家族墳墓被清軍徹底毀壞，而反清復明的志業也不太樂觀……一時之間，內心糾結鬱悶的鄭成功感覺自己累了……

當天晚上，鄭成功憂慮得一病不起，臥倒床上，好幾次掩面嘆息：「我沒臉見地下先帝啊！」孤臣孽子的悲痛情懷表露無遺。

隔天，六月二十三日，鄭成功辭世，永遠離開他熱愛的臺灣，得年僅三十九歲。

鄭成功雖然來到臺灣僅十四個月，但他以「國姓爺」之姿驅逐荷蘭人，為臺灣歷史開啟嶄新的一頁，奠定建設臺灣的根基；當年追隨他們來臺灣的幾萬名軍人和平民，也成為開墾臺灣的先祖。

給小朋友的貼心話

現在，臺南有許多古蹟，還有南部的許多地名，像是左營、新營和林鳳營，都和鄭成功的「軍屯」有關。當你到這些古蹟和地方旅行時，可以學習去瞭解當地的歷史以及民族英雄鄭成功的生平，藉此增進自己對臺灣歷史的認識吧！

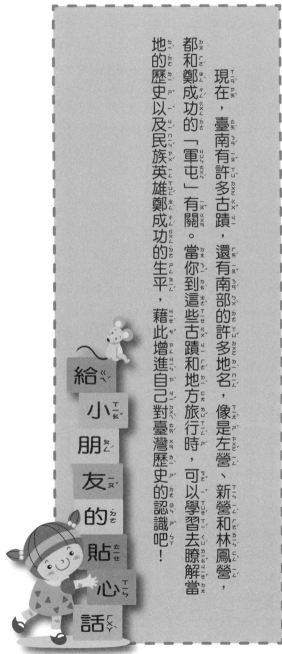

臺灣諸葛亮——陳永華（一六三四年至一六八〇年）

三國時代，大名鼎鼎的諸葛亮輔佐劉備父子，在歷史上留下許多傳奇，留芳百世。明朝末年有個人才叫陳永華，輔佐鄭成功父子建設臺灣，被公推是開臺幕後第一功臣，因而有「臺灣諸葛亮」的美名。

陳永華祖籍福建，誕生於書香世家，自幼愛讀孔孟書籍和孫子兵法，是個標準的讀書人；他不僅關心天下事，更深刻瞭解安邦定國的道理。

他的父親在清兵入關滅了明朝時，不願貪生苟活，自殺殉國。陳永華追隨鄭成功從福建來到臺灣，繼續反清復明的志業。

鄭成功驅逐荷蘭人後，正式在臺灣建立政權，需要一個能幫他構畫建設藍圖並積極施行的人物，他心中的不二人選便是陳永華。

鄭成功登陸臺南鹿耳門後，陳永華提出「寓兵於農」的建議：「臺灣土地肥沃，氣候溫和，值得開墾；如果將軍要把這裡當作反清復明的根據地，『寓兵於農』政策是個兩全其美的方法。」

「什麼叫寓兵於農？」鄭成功不解的問。

「就是士兵平時開墾荒地、從事農耕，利用農忙之餘進行軍事訓練。這樣一來，不僅解決了糧食問題，將士也不會好逸惡勞，忘了反清復明的大業。」

鄭成功哈哈大笑的誇獎道：「農忙時節務農，閒暇時候訓練，真是兩全其美的軍屯政策呀！」

實施軍屯後，陳永華經常親往各地，教導將士如何耕作屯田、儲備糧食。現今臺南的「新營」、「林鳳營」和高雄的「左營」，就是「寓兵於農」政策下產生的地名。

隔年，鄭成功因病去世，兒子鄭經繼位，對陳永華更是敬重有加，請他出任相當於宰相職位的「諮議參軍」，並賦以經營臺灣的重責大任。

陳永華認為，教育是立國之本，經營臺灣須以培育、拔擢人才為重心；因此，他提議興建孔廟，辦理學校教育。

鄭經原本不以為然，認為辦教育太花錢；後來，在陳永華的堅持和說服下，終於點頭應允。一六六六年，位於承天府（今臺南市）的孔廟落成啟用，這就是現在的一級古蹟——「全臺首學」。

像雨後春筍般，各地的學校紛紛成立，原住民也有學校可讀。窮人藉著讀書，再配合文官考試制度，終於有了翻身的機會。

陳永華所倡導的學校教育，有學院、府學、州學、社學等完整體系，為臺灣教育奠定良好基礎。可是，不少家長怕農事沒人幫忙，不肯讓孩子去學校就讀。

「我必須想辦法增加政府的收入，同時改善人民的生活，讓百姓衣食無缺，願意把孩子送進學校。」陳永華絞盡腦汁，要想辦法排除眼前的困境。

「種植水稻太辛苦了，收入實在有限，應該改種高價值的農作物才行。」陳永華靈光一閃，想到價格不菲的糖，霎時眉飛色舞，

「對！種甘蔗，賺外國人的錢！」

陳永華專心研究種植甘蔗的方法。他走到農地，親自教導民眾如

何利用旱地種植甘蔗。同時，他引進「榨汁製糖」的技術，將收成的甘蔗製成閃亮亮的糖，再外銷到日本、呂宋各地；沒想到，販賣所得高得驚人，每年賺取數十萬兩白銀的外匯！

陳永華乘勝追擊，緊接著推出第二強棒——製鹽新招。他發現平埔族製鹽技術不佳，煎出來的鹽既苦又澀，難以下嚥，無法增添食物的美味。

陳永華所採用的方法是：先在海邊建築鹽埕，再鋪上碎磚，然後引海水入池晒鹽。這樣製造出來的鹽雪白精純，毫無苦澀味，開啟了臺灣晒鹽史的新頁。

陳永華一手建立的「瀨口鹽場」，遺址位於現在臺南市南區，被譽為臺灣鹽業發源地。

臺灣的糖與鹽，曾是出口賺取外匯的黃金產業，兩者都可看到陳永華的遠見與魄力。此外，他傳授工匠燒製磚瓦的技術，使臺灣人民的居住品質大大提高。

陳永華年老病逝後，民眾為感念他的德澤，設廟祭拜，就是今日臺南市府前路上的「永華宮」；還有一條「永華路」，也是為了紀念他而命名的。

給小朋友的貼心話

陳永華認為，教育為立國之本，教育對每一個人都很重要！學校教育讓我們能夠最直接的獲取基礎知識。小朋友要把握，好好打造自己的知識力，以及與他人相處的能力呵！

開墾八堡圳——施世榜（一六七一年至一七四三年）

自從鄭成功在臺灣建立政權後，吸引了很多閩、粵的漢人前來定居，開發出不少良田。到了鄭經時期，大批農民聚居在半線（今彰化）一帶，積極進行開墾荒地的工作，施東就是其中之一。

施東原籍福建泉州，他也趕上這批移民潮，赤手空拳的跑到臺灣開墾荒地。不過，他跟一般移民不同的是，他是個讀書人，不僅能讀書識字，而且滿腹經綸；再加上他待人仁厚、熱心助人，很快的便成為大家敬重和請教的對象。

施東的眼光過人，他看出臺灣的蔗糖深具發展潛力，便毅然決然的從事糖業的貿易工作，把蔗糖外銷到日本，果然為他賺取到豐厚的利潤，成了地方首富。

成為首富的施東對人更加謙虛了；他經常教育兒子施世榜為人之道，平常要多做善事，千萬不可為富不仁。

施世榜一生最忘不掉的一段話，是父親對他的期許和鼓勵。有一天，父親把他叫到面前，懇切的對他說：「孩子，你要牢記在心，錢財的功用是為了改善家人的生活；但是，如果你有能力進一步改善大家的生活，你就青出於藍了！」

施世榜謹記父親的教誨。在父親去世後，他一方面承繼事業加以發揚光大，一方面也熱心的投入救濟貧困的善行。

「大善人來了！」很多受到幫助、心存感恩的墾戶，都這樣稱呼他。「我何德何能，受到墾戶如此的敬重？」施世榜進一步思考，「鄉親對我寄望很深，我該為他們做些什麼呢？」

後來，有好長一段時間，大地因久旱不雨而龜裂，農民們叫苦連天。

「如果能導引濁水溪的水灌溉田地，農夫年年都能大豐收，生活必將獲得大大的改善！」施世榜知道這是件大工程，必須要有一筆龐大的經費，而且不是一年半載就可以完成的。

當他把自己的構想告訴墾戶時，大家都舉雙手贊成；不過，墾戶們拿不出錢來支持這個計畫。

施世榜告訴他們：「錢的事各位不必擔心，由我來張羅。雖然我對這個工程沒有絕對的把握，可是我會盡力而為。」

施世榜說做就做。一七〇九年初，他募集大批工人開始一鋤一鏟的動工了！施世榜雖然事業繁忙，每天卻一定撥出時間前往工地巡視，並且關心工作人員的

生活起居情形。

在缺乏精密測量儀器和挖掘工具的年代裡，要興建水圳並不是件容易的事；但是，在施世榜積極的作為下，總能排除萬難，工程還算順利。

不過，當工程進入尾聲、準備引水入渠的階段時，卻發生了怪事。「地形探勘無誤、設計無誤、施工無誤；可是，溪水無論怎麼試就是引不進來！到底哪個環節出了差錯？」施世榜急得不知如何是好——這麼艱困的工程，如果不能發揮預期效果，不就前功盡棄了嗎？

在無計可施下，施世榜決定到處張貼告示，以高額的獎金徵求高人指點。

某天黃昏，來了一個仙風道骨的老先生，見到施世榜開口就說：

「我就是您要找的工程師，希望能助您一臂之力。」

「敢問先生尊姓大名？」

「叫我林先生就行了。如果您願意參考，明天我會帶一張地圖來，相信對工程進行很有幫助。」

說完這句話，那位林先生就翩然而去。望著他離去的背影，施世榜心裡暗想：「莫非這是老天爺知道我的難處，特別派來給我的使者？」

第二天一大早，林先生果然帶來一張測量圖，並加以詳細解說；他說得頭頭是道，顯然在這方面是個專家，施世榜聽了不停的點頭。

「不知林先生住在哪裡？」施世榜詢問他的住處；若是居住附近，也好就近請教。

「我單身一人來去自如，住哪裡都行。」

「這樣吧！如果您不嫌棄，就住我家如何？我有很多問題要向您請教。」施世榜提出請求，老先生笑著答應了。

經過一段日子的相處，施世榜發現林先生不僅對開鑿水圳是個一等一的行家，而且天文地理無所不通，可說是個飽學之士。

施世榜採用林先生的建議，利用籐竹做成壩籠後安置在河中，再將溪水引進大圳。在滿水期時，壩籠可以避免水勢直衝圳道，破壞水圳；在乾旱期時，可以匯聚水源導入圳道。

有了林先生的幫忙，施工長達十年的水圳終於完工。由於是引用濁水溪的水，水圳最初被稱為濁水圳；又因為這條水圳屬於施家的產業，也稱為施厝圳。水圳灌溉的面積包括當時彰化平原十三個堡中的八個，因此又稱「八堡圳」。

正當大家歡天喜地的謝天祭祖、設宴慶祝時，才發現那位大功臣林先生已飄然離去，不知蹤跡！農民感念他的恩澤，後來在彰化縣的二水鄉為他蓋廟紀念。

臺灣史上有關施世榜的記載，除了興建八堡圳外，還包括：協助官兵平定朱一貴事件、捐獻土地、捐錢修建鹿港天后宮、捐獻田租給海東書院學生當伙食費等。鹿港天后宮的右側廂房裡，至今供奉施世榜的牌位，讓世人永遠緬懷這位愛人、助人的大善人。

小朋友，你覺得錢財的功用是什麼呢？有錢當然可以買到自己想要的玩具或漂亮的學用品；可是，同樣的錢，還能幫助別人有東西吃、有衣服穿呵！想想看，除了購買必要的學用品之外，你可以怎樣使用零用錢呢？

拓荒英雄——張達京（一六九〇年至一七七三年）

出身廣東的張達京，從小聰穎過人、才思敏捷，得到家人的疼愛。身為武舉人的祖父親自教他防身拳術，精通醫學的父親教他四書、五經和醫藥知識，使他長大後成為允文允武的人。

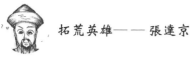

成年以後，張達京先在閩南一帶經商，從做小本生意中累積社會經驗和人際關係；後來，他聽說臺灣是塊處女地，充滿無限可能，便冒險隻身渡海來臺謀求發展。

張達京來到臺灣中部，本來想去大甲尋找做生意的機會；可是，他聽說那裡治安不好，便不再往北走，而定居在當時最繁榮的「岸裡社」（現在的神岡區大社里），從事販賣的生意。

張達京是個誠實的生意人，童叟無欺、公道第一；在大家口耳相傳之下，生意一天比一天興隆。他的名聲很快的傳到頭目「阿莫」的耳裡，他很想見見這個有為有守的年輕商人。

有一天，阿莫請張達京來家裡作客。一頓飯下來，頭目阿莫對張達京留下深刻的印象；覺得這個年輕人不僅儀表堂堂、談吐非凡，難得的是學富五車、見聞廣博，為人又態度誠懇、謙恭有禮。

經過這次會晤後，阿莫把張達京視為座上賓，常請他到家中做客，向他請教醫藥和日常事務，張達京當然知無不言、言無不盡。

不久，社內瘟疫流行，民眾驚恐萬分。張達京暫停買賣工作，利用所知所學的醫藥常識，不眠不休的為平埔族民眾治病，一直到瘟疫從社內絕跡為止。

張達京的盡心盡力，讓阿莫頭目十分感動，便把女兒嫁給他。從那時候開始，平地人和平埔族人漸漸開始通婚。

張達京聲望日高，甚至越過臺灣海峽，直達朝廷，清朝皇帝特別任命他擔任岸裡社的總通事。

張達京既是官方通事，又是岸裡社頭目的「駙馬」，聲譽更是如日中天了。

古代的行政、司法、稅務不分，通事可說身兼數職，既是村里幹事、翻譯官，也是管區警察、稅務人員；通事的職位雖低，功能卻無所不包，管盡地方重要事務。

雍正年間，大甲發生亂事，情況一天比一天混亂。英氣煥發的張達京登高一呼，號召勇敢壯士協同官兵直搗暴徒巢穴，擒住元凶，敉平叛亂。

雍正皇帝得知後，龍心大悅；除了封給張達京「加副府」七品京官銜之外，並親頒御衣一襲，至今仍為張家珍

藏，當作傳家至寶。

常在中部一帶走動的張達京，對這裡的土地有了感情；看見生性單純的平埔族靠著簡單的農具在蔓草荒煙間辛勤耕作，內心感觸良多。

「如果老天賞臉，雨量充沛，他們可以換得三餐溫飽；可是，如果老天不給飯吃，作物因缺少雨水的滋潤而枯死，他們便會血本無歸，只能靠借貸過活了。」張達京再三思索，

「偏偏臺灣中部年年雨水短缺，我該如何幫助農民？」

這時候，遠處傳來陣陣若有若無的流水聲。

張達京靈光乍現，興奮的說道：「對呀！如果引用大甲溪的溪水來灌溉農田，水稻不就年年都有好收成了嗎？」

當天晚上，張達京立刻在燭光下振筆疾書，向政府申請荒地開發的許可，再想辦法進行開鑿水圳的工作。

事情進行得十分順利，開發許可很快就下來了。

張達京在現今的豐原市郊一帶，開闢了一大片良田，教族人耕作水稻。他引用大甲溪的溪水開通水圳，灌溉秧田，讓原本的廣漠荒地變成良田萬頃，年年稻穀豐收；不僅讓農民收入增加，張達京也因為大量開發土地而致富，讓他一躍成為地方上的富豪。

所謂「好事傳千里」，張達京拓荒成功的消息很快就傳遍全臺和大陸沿岸。從臺灣各地移民來臺中盆地定居的民眾，一年比一年多；大陸沿岸福建、廣東一帶的移民更是大批湧至，奠定今日大臺中繁榮進步的基礎。

平埔族人感念張達京開鑿水圳的拓荒精神，不僅將他視為英雄，而且在社口萬興宮（今神岡區社南里）供奉長生祿位，緬懷張達京一生的豐功偉業。他位於翁社里的舊宅「萬選居」至今依然保存著，讓世人永懷這位了不起的拓荒英雄。

給小朋友的貼心話

小朋友，我們的祖先都是勇敢的從別的地方來到臺灣開墾及展開新生活的；你的周遭，是不是也有很多因結婚或工作而來到臺灣的外國朋友呢？他們也是勇敢的遠離家鄉來到臺灣，我們是不是應該歡迎及幫助他們，讓他們有「家」的感覺呢？

興建瑠公圳——郭錫瑠

（一七〇五年至一七六五年）

當人們駕駛車子奔馳在臺北市羅斯福路、信義路和基隆路一帶時，很少人知道，在寬敞的大馬路底下，曾經流淌著一條臺北糧產的命脈，為臺灣先民和早期農業立過大功的灌溉渠道——瑠公圳。

時光回到一七四〇年（清乾隆五年）的秋天，在郭錫瑠的號召下，一群工人正在進行水圳的開發工程……

雖然是秋高氣爽的八月天，挑著一擔擔的石塊進行築堤工程，還是讓工人累得汗如雨下。

「大家辛苦了，休息一下吧！喝點水，吃些水果。」郭錫瑠來巡視時，總會吩咐工頭讓工人適當休息，才有體力做更多的事。

「為了水圳能早日完工，農地有水可以灌溉，大家都有好收成，再累也值得啊！」有個工人抹去額頭的汗珠說。

對於工人的體恤和認知，負責開鑿的郭錫瑠滿意極了，臉上露出燦爛的笑容。

郭錫瑠別名天賜，清康熙四十四年（西元一七〇五年）生於福建漳州府南靖縣。隨父親渡海來臺，先居住於半線（即彰化），後來北遷大加蚋（今臺北市），定居中崙（今八德路中崙附近），一家人積極投入開墾荒地的行列。

生活雖然暫時安頓下來了，農田用水的棘手問題卻緊接而來。當時的臺北是個沼澤遍布、草木叢生的大盆地，大多數農田的灌溉都仰賴盆地內的天然池沼；農民在它周圍修築堤防，並設水門，稱為「埤」。

然而，埤的水源全部依靠老天爺的賞賜；如果老天爺不給水，幾個月不下雨，埤內無水可用，農作物便會乾枯而死。

「柴頭埤的存水量不足，農田缺水的問題今年可能會很嚴重！」一位老農民跑來向郭錫瑠報告。

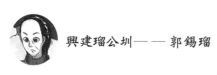

「不會吧？不是才十幾天沒下雨嗎？」郭錫瑠難以置信的說。

話雖這麼說，郭錫瑠還是不放心；跑到柴頭埤一看，果然水位降低不少。經過一番仔細探勘，郭錫瑠赫然發現，問題並非出在不下雨；而是水埤的使用年限過久，底部淤積的汙泥太厚，以致蓄水量逐年減少。

徹底解決的方法只有一個，那就是引水入渠，增加柴頭埤的水量！

「我們可以試著引進基隆河的水。」郭錫瑠對陪同前來的老農民說。

「基隆河的河床太低了，恐怕很難把水引出來。」見多識廣的老農夫提出他的看法。

「你說的話很有見地；況且，基隆河是錫口（今松山）的對外交通要道，也不適合在河道中築堤建壩。」郭錫瑠不死心的問，「臺北平原附近還有其他的水源嗎？」

「有是有，不過遠了點。」

「在哪裡？」

「新店溪。」

「遠近不是問題，豐沛的水源才是農民的希望。」郭錫瑠說。

龐大的工程開始了！郭錫瑠決定在青潭溪和新店溪的入口處設立攔水壩，直接導引青潭大溪的水匯流於既成圳路，充裕水量。

不過，住在新店溪上游的泰雅族人把工作人員當成入侵者，恐嚇他們不得施工，以免破壞祖先留下來的山水。

郭錫瑠覺得事態嚴重，立即暫停施工。經過一番深思熟慮後，為了工程能順利進行，他僱用泰雅族的勇士擔任隨身護衛，還以聯姻方式娶了泰雅族的潘氏為妾，建立雙方和睦共處的關係。

人為的困境克服了，接著要挑戰的是大自然；鑿石穿山的隧道工程，等著他們用最簡

單的工具，一鑿一錘來完成。

「安全第一，施工不要求快。」郭錫瑠好幾次巡視隧道工地，都這樣對辛苦的工人說。

好不容易完成危險萬分的隧道工程，迎面而來的是更艱鉅、浩大的引水渠道施工。

為了湊足龐大的經費，郭錫瑠變賣彰化的祖產，將賣屋、賣地所得悉數投入工程，感動得大家齊心協力、共同打拚。

他的兒子郭元芬受到父親的精神感召，加入工作團隊；他運用才智結合經驗老到的木工，設計尖底的攔水工具，克服溪水湍急的難題，立了大功。

正所謂「眾志成城」，長達二十多公里的水圳終於完工了；導引青潭溪溪水入圳，灌溉農田一千兩百多甲，加速了臺北平原的農業發展，也增加了不少農家的收入。

只是，天有不測風雲，人有旦夕禍福。清乾隆三十年（一七六五年），一場颱風帶來滾滾洪水，水圳渠道嚴重受損；郭錫瑠看到千辛萬苦完成的渠道扭曲變形，內心悲痛，竟然一病不起，不久後就辭世了。所幸，他後繼有人，兒子郭元芬繼承父志，勇敢挑起修復的重責大任。

後人為了紀念郭氏父子的功勞，將水圳命名為「瑠公圳」。位於臺灣大學新生南路的側門旁，便樹立著一塊「瑠公圳原址」的石碑，讓後代民眾憑弔和緬懷這位先人的貢獻。

小朋友，在你所居住的地方，有沒有像「瑠公圳」這樣先人造福後世的建設？我們居住的寶島之所以能讓百姓安居樂業，都是因為先人的奉獻與建設；這樣的精神，值得我們紀念與學習呵！

開墾蘭陽平原——吳沙（一七三一年至一七九八年）

寒風徹骨的冬夜，福建漳州的吳沙一家人瑟縮在小屋裡，聽著窗外的北風怒號，吳沙不禁埋怨：「每天都是這種天氣，簡直冷死人了！」

吳沙的父親聽到兒子的抱怨，感嘆的說：「這裡的日子太苦了！男兒志在四方，如果你嫌這裡不好，就去外面闖一闖吧！」

父親無意間相激的話語，像石子般投入吳沙的心湖，泛起一圈圈漣漪。

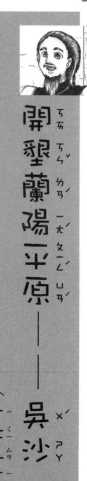

吳沙心想：「父親說得不錯。我們世世代代生長在這裡，人口多，土質貧瘠，謀生不易；不如渡過黑水溝（臺灣海峽）前往臺灣試試運氣，說不定能闖出一片天！」

吳沙是個豪爽堅毅的人，說走就走。一七七三年（清乾隆三十八年），他隨著一群移民來到臺灣，落腳雞籠（今基隆），做一些小生意為生。

小生意時好時壞，雖餓不死，但也賺不了什麼錢。

「生意不好做，那就試試開墾荒地吧！」吳沙發覺，臺北盆地已經被先民開發得差不多了；如果想有一番作為，必須另闢新墾區。

想到這裡，吳沙心裡燃起雄心壯志。於是，他遷往三貂嶺（今雙溪、貢寮一帶），先從事草藥的買賣，蓄積開墾所需的資本。

吳沙天天上山採藥，和當地原住民逐漸熟稔；他發現原住民個性純樸，並不像外傳的凶悍殘暴，有些還熱心的教他原住民的語言呢！

「對了！除了買賣草藥，我也可以做中間商，將山上的特產運到平地賣，再把平地的生活用品運到山上賣！」

靠著仲介兩地之間的貨物交易，吳沙累積了不少財富。

經濟獲得改善的吳沙，並沒有忘了自己的來處，也深深體會離鄉背井、出外謀生的重重難關；因此，經常出錢資助有困難的鄉親。

吳沙通常會給新移民一斗米、一把斧頭，然後告訴他：「送你食物和工具，祝你開發荒地順順利利！往後是成是敗，就看你的努

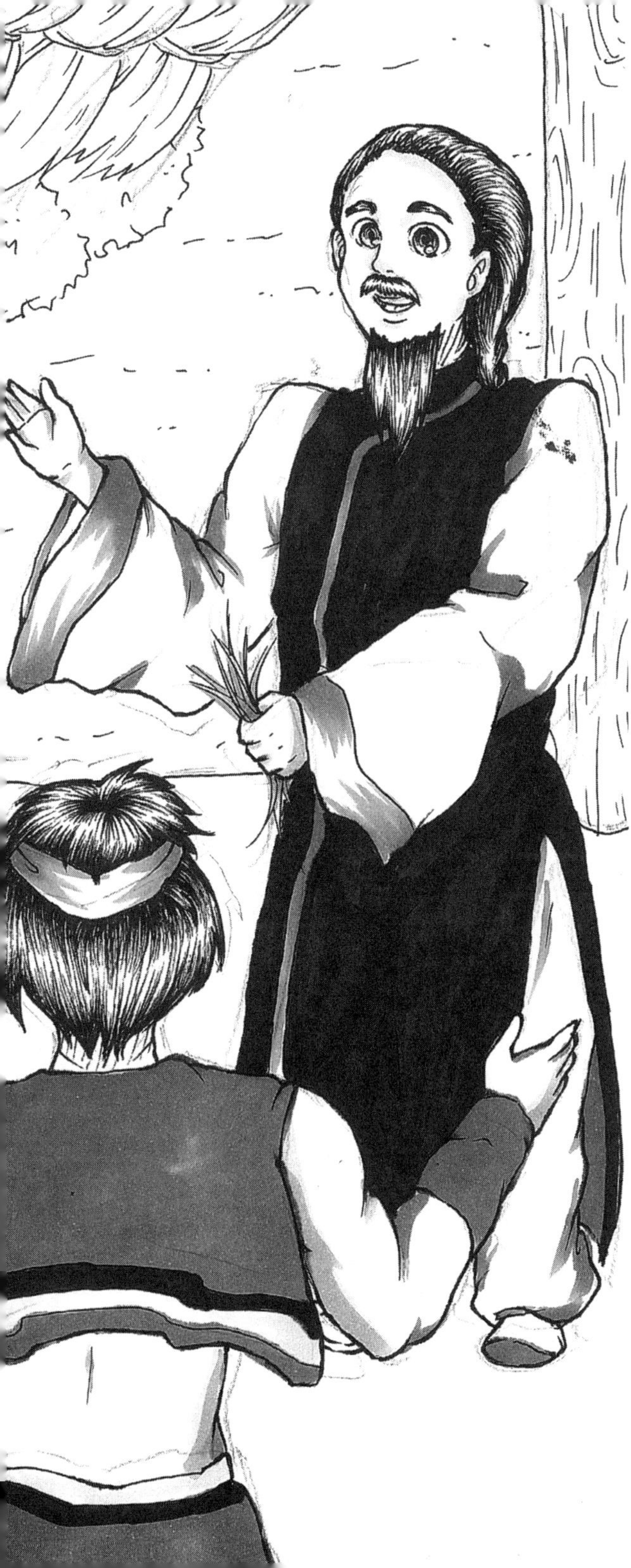

力。」

有些移民受到吳沙的鼓舞，全力以赴的開荒墾殖，果真打造出一片天地；這些人對吳沙十分感激，經常把吳沙的恩澤掛在嘴邊。因此，吳沙的名號逐漸響亮起來，儼然成了三貂嶺一帶的漢人領袖。

不久，官府知道有吳沙這號人物，派專人找他商討事情。

「無事不登三寶殿，我就有話直說了。你去過蘭陽平原嗎？那裡除了原住民噶瑪蘭族外，還有未開發的廣大荒地，等著你帶人去開發呢！」官員說。

吳沙聽聞噶瑪蘭族十分凶悍、不好相處；可是，吳沙並不畏懼，只要有一絲可以達成開墾美夢的機會，他一點也不想放棄。於是，他很豪爽的答應了。

聽說吳沙要去蘭陽平原開墾，數百人毫不猶豫的願意跟隨前往。一群人浩浩蕩蕩的從澳底出發，搭船來到烏石港（現宜蘭頭城），踏上噶瑪蘭族人的土地。

開始時，雙方還能相安無事；不過，隨著前來的移民越來越多，引起原住民很大的不安。

吳沙決定走一趟噶瑪蘭族的部落。他對頭目說：「官府特准我們前來，是為了大家的共同利益。開墾能夠增加糧食生產，有利彼此交換農產；此外，我們在這裡駐兵屯田，對你們也是一大保障，可以共同對付海盜的攻擊，確保大家生命和財產的安全。」

吳沙講得頭頭是道，讓頭目無話可說，總算暫時平息了噶瑪蘭族的不安。

盛夏時節，噶瑪蘭族人不幸染上傳染病，紛紛病倒，而且傳染情況一天比一天嚴重；頭目擔心不已，人瘦了一大圈。

危急之中，吳沙帶著一箱藥草出現了。

「我對藥草略有研究，今天特別帶來治病良藥，請趕快發給族人服用。」

「別相信他的鬼話！他居心不良，想毒死我們，好霸占我們的土地！」一個原住民青年大聲嚷嚷。

「對！他是我們的敵人，不是朋友！」另一個年輕原住民說。

頭目說話了：「吳沙，你也看到了，我的族人不相信你，對你抱著懷疑的態度。你打算怎麼做？」

吳沙以誠懇的語氣說：「我抱著一顆救人的心而來，懇求頭目幫我尋找一位重症患者進行實驗，成效馬上分曉。搶救人命要緊，其餘並不在我的考慮範圍。」

對於傳染病束手無策的頭目只能勉強答應，找來了一位病情嚴重的族人。頭目萬萬沒想到，吳沙的草藥就像仙丹似的，一服見效，病況立刻獲得改善。

頭目欣喜萬分，馬上把草藥發給族人服用；等傳染病徹底消滅後，不僅不追究吳沙占領土地的事，還主動把一塊土地免費送給這位救命的大善人。

吳沙贏得噶瑪蘭族人的信任，此後的開墾工作可說一帆風順，進行得十分順利，也帶動了整個蘭陽平原的開發。

吳沙六十八歲那年去世，葬在貢寮，墓穴朝向蘭陽平原。雖然這位開墾英雄長眠了，但他每天都能遙望由他一手策畫、開發的美麗平原。

小朋友，當你幫助別人的時候，會不會想著對方該如何報答？如果對方的態度又不是很好，你感覺如何呢？

吳沙真誠的對噶瑪蘭族伸出援手，即使他們對他有著敵意；最後證明了吳沙的誠意，也讓他們成了朋友。吳沙這種寬厚的心胸，你覺得如何呢？

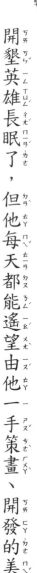

捍衛臺灣的老將——王得祿

（一七七〇年至一八四二年）

位於嘉義縣六腳鄉的王得祿墓園，占地一公頃多，墓地石柱有龍、鳳、獅、象等祥獸石雕；墓埕前的人物雕像左右對稱，文官溫文儒雅，武將英姿挺拔。這個墓園在民國七十二年已被列為國家一級古蹟。

如此氣勢雄偉的墓園，在臺灣並不多見。

王得祿，臺灣諸羅縣（今嘉義縣）人，從小父母雙亡，由兄嫂撫養長大。哥哥看他天生聰穎驃悍，鼓勵他從軍報國：「王家祖先曾在清營裡當軍官，康熙年間因征討朱一貴而壯烈犧牲，為後代子孫樹立英雄榜樣。你何不立志從軍，報效國家？」

無奈，年少愛玩的王得祿根本沒把哥哥的話聽進耳裡，依然天天遊蕩。

有一天，哥哥看見官衙招募兵士剿匪的公告，又勸了王得祿一番，他仍然堅持不願投身軍營。

王得祿嫌哥哥囉嗦，負氣離家出走；夜裡找不到投宿的地方，只好跑到一間土地公廟裡睡覺。

當天晚上，王得祿做了一個夢，夢中出現一位和藹的白髮老人，笑容滿面的對他說：「少年仔，英雄不怕出身低，趕快去從軍報國，將來你必定功成名就！」

清晨，王得祿從夢中驚醒後，立刻神采飛揚的直奔哥哥家，將自己願意從軍報國的決定告訴兄嫂。

哥哥、嫂子聽了驚喜萬分。哥哥帶王得祿上街買鞋子，嫂子還典當首飾籌備旅費。體格魁梧的王得祿腳丫子特別大，根本沒有適合他尺寸的鞋子；嫂子就親手趕製兩雙「巨鞋」，讓他穿去從軍。

王得祿從沒穿過鞋子，把這兩雙鞋子當作寶貝，一雙腳上穿，一雙腰間掛。

很幸運的，他馬上被錄用了，擔任軍隊先鋒旗手。

有一次出戰，討伐叛賊。賊軍兵馬強大，官兵不敵，只得且戰且走；突然，王得祿發現腰間的鞋子不見了，便慌張的回頭去找。賊軍看見官兵先鋒旗忽然逆向轉回，以為對方來了救兵，嚇得四下逃竄。

官兵見了這個大好良機，調過頭來發動猛烈攻擊，打了一場大勝仗。

王得祿因為這次扭轉戰勢，建立奇功，破例晉升為領導軍官。

王得祿十七歲那年，臺灣爆發天地會領袖林爽文事件，高舉反清大旗，攻占各地城池；叛軍一路南下，有如秋風掃落葉，大里、臺中、彰化、鹿港等地先後淪陷，眼看就要攻到諸羅城。

這時，王得祿登高一呼，號召鄉親組成義勇隊，和官兵一起捍衛鄉里。歷經十個月的艱苦守城，終於等到朝廷十萬大軍援助，一舉殲滅叛軍，平定亂事。

乾隆皇帝得知消息，龍心大悅，將諸羅改名為「嘉義」，並且召見了王得祿。

乾隆皇帝有意考考王得祿的文才，來個對聯口試，先說出上聯：「言隻草（護的拆字），護國，護民，護大清。」要王得祿接下聯。王得祿沉思片刻後說：「言寸身

（謝的拆字），謝天，謝地，謝皇上。」乾隆皇帝聽了很滿意，交代當時的太子（日後的嘉慶皇帝）要好好重用王得祿。

從此，王得祿平步青雲，嘉慶登基後更受到器重。

這時，在臺灣海峽有海盜蔡牽橫行，燒殺擄掠，人民不得安寧；於是，嘉慶君下令要王得祿領軍圍捕蔡牽。王得祿身兼陸師、水師將領，與蔡牽在臺灣海峽展開激戰。

王得祿對海盜發動猛烈攻擊，蔡牽不是他的對手，向後撤退；蔡牽使出撒手鐗，自己沉船阻斷海路，用來激勵士氣。王得祿便駕駛小船從縫隙駛入，再以火攻燒船，逼得蔡牽無路可逃，最後投海自盡。

此後，清朝臺灣第一高官水師提督王得祿就專心投入訓練水師的工作，直到五十二歲才告老致仕（退休），定居於福建。

不過，到了道光年間，滿清國勢走弱，內亂外患不斷，臺灣也亂事四起；王得祿為了捍衛疆土，不得不重出江湖，再度披掛上陣。

後來，中英鴉片戰爭爆發，英國船艦進攻雞籠（今基隆），王得祿奉令死守澎湖；七十一歲的他仍豪情不減，親率官兵勇敢對抗船堅炮利的英軍。

隔年，王得祿病逝於軍營，死後加贈伯爵。因他曾受封為「太子太保」，出生地因而改名叫「太保庄」，這就是王得祿的故鄉「太保市」的由來。

給小朋友的貼心話

小朋友，「天生我材必有用」；王得祿雖然年少時愛玩，但只要立定志向後，不懼艱苦的勇往直前，仍能大有作為，為百姓及國家奉獻力量。小朋友，不要小看自己，想想自己的長才，朝那個方向努力成長吧！

籌建鳳山水圳工程——曹謹

（一七八七年至一八四九年）

已經半個月沒下雨了，碧藍的天空中看不見一絲雲彩；農夫們焦急的仰望天空，祈禱著：「好心的老天爺，快下雨吧！」

雨水究竟是多是少，關係到作物的收成好不好。雨水剛剛好，農夫最高興，當年一定大豐收；雨水太多或太少，對農作物的收成會有影響。但是，雨水要下多少，完全不是農夫所能控制；他們只能虔誠的對天禱告，希望辛苦的耕耘能有好的收穫。

新任知縣曹謹是個宅心仁厚、體恤百姓的好官，他把這一切完全

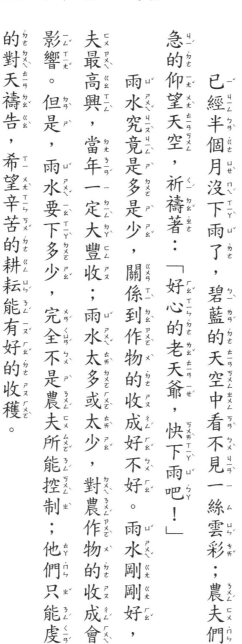

看在眼裡。

曹謹的老家在大陸的河南省，從小就進入私塾讀書，是個文質彬彬的書生；他日夜苦讀，後來考上舉人，被派到臺灣擔任鳳山知縣。隻身來到人生地不熟的南臺灣，曹謹剛到的第一個月患了思鄉病，心中泛著一股濃濃的鄉愁。

不過，他很快的進入狀況，每天認真的巡視地方、探訪民情，以忙碌的工作來沖淡心中對故鄉的思念。

曹謹心裡想：「既來之，則安之。男子漢大丈夫，何處不可以為家？既然被派到這裡擔任地方官，臺灣就是我的第二故鄉。」

經過一段時日的走訪各地後，他心中有著很大的感觸：「臺灣的農民勤奮樸實、工作認真；但是，靠著『看天田』生活，日子總是過得苦哈哈。我能為他們做些什麼呢？」

曹謹進一步尋思：「淡水溪（即高屏溪）的水量相當豐沛；如果能將溪水引到農田灌溉，農夫就不愁沒水可用了。」

就在那一刻，曹謹立下了籌建水圳的決心。

一八三八年（清道光十八年），曹謹將他的構思付諸行動了！雖然他對水利工程不是很內行，但他請來許多專家，並虛心採納當地鄉親父老的意見；在大家集思廣益下，將浩大的工程一項一項的努力完成。

所謂「眾人同心，其利斷金」，靠著大家的齊心協力，先後總共完成了四十四條水圳，受惠農田多達兩千五百多甲。原本的「看天田」，一下子變成了「肥田」，農民們特別高興，還辦了宴席慶祝。

這個消息傳到臺灣知府耳裡，他起初有點不相信，還特地親自到鳳山一趟；當他親眼看見傳言不假後，樂得開懷大笑，大大誇讚了知縣一番。

「太了不起了！農民引水灌溉，從此不必靠天下雨，農作物也能大豐收；農民有了好收入，政府也有了好稅收，你的功勞可不小。」知府大大的讚揚。

「大人過獎！這是大家齊心協力下的共同功勞，下官不敢居功。只是，水圳完工至今還沒命名，可否請長官惠賜鴻名？」曹謹一直掛念著命名的事；今天良機來了，他自然不會輕易錯過。

「這樣啊？」知府一時琢磨不出好名字，頻頻搔頭，「這是個了不起的工程，該命名什麼才恰當呢？」

師爺看到知府為命名苦惱，趕緊上前一步說：「大人，恕屬下斗膽建言……」

「你說說看。」

「屬下認為，這水圳從籌畫、興建到完工，曠日廢時，不知耗費了曹大人多少心力和心血！如今工程完工，大家有水可以灌溉，徹底解決水源不足的問題，鄉民都很感謝曹大人的功德。因此，屬下有個建議，乾脆把水圳命名為『曹公圳』。」

「不妥！不妥！」曹謹急得直搖手，「冠以下官之名，我受之有愧呀！」

「哈哈哈……師爺說得有道理。曹大人一向勤政愛民，是受百姓愛戴的好官；今日又完成這麼重要的水利工程，真是成果輝煌。」知府轉身對曹謹說，「曹大人，你就不必再過度謙虛了。我已經做了最後決定，就依師爺的建言，這水圳就命名為『曹公圳』！」

完成曹公圳後，曹謹並沒有停止前進的腳步，他的心中有張更大的藍圖，準備開挖新的水圳，總共四十六條！

一八四二年（清道光二十二年），曹謹下令當地貢生鄭氏兄弟共同擔起重任，負責籌畫興建新的水圳，這就是「曹公新圳」；一旦完工，可以灌溉農田兩千多甲，造福無數農民。

後來中英鴉片戰爭爆發，曹謹升任淡水知縣，招募士兵勤加訓練，為保家衛國不眠不休：直到一八四六年才卸任返鄉，離開他心愛的臺灣。

曹謹雖然不在臺灣了，可是鳳山一帶的鄉民永遠忘不了他。他們在鳳山的縣城書院旁邊蓋了一座「曹公祠」；另外，現在的鳳山區還有「曹公路」和「曹公國小」，都是為了紀念這位親民、愛民的好官。

小朋友，曹謹雖不擅長水利工程，但他能夠採納專家及地方鄉親的意見，終於完成造福眾多百姓的水圳。當你想要去做某件你不在行的事情時，不妨以曹謹為榜樣呵！

讓臺灣變強了——沈葆楨

（一八二〇年至一八七九年）

天空飄來一團團烏雲，瞬間天昏地暗；突然雷聲大作，閃電交加，大雨滂沱而下。

海上狂風大作，掀起兩、三層樓高的巨浪；巨浪好像把漁船當玩具似的，舉高又摔下。船上的漁民們驚恐萬分，急著尋找避難的港灣。

臺灣南部瑯嶠（今屏東恆春、車城）附近的海域，風浪更是猛烈；一批在海上作業的琉球船隻，被迫無奈，只得急匆匆的登陸避難。

哪知一波未平、一波又起。一上岸，琉球漁民遭到牡丹社原住民無情的攻擊；由於言語不通、溝通不良，雙方起了嚴重衝突，好幾十名琉球漁民慘遭殺害。

事件發生的時間是一八七一年（清同治十年）。覬覦琉球已久的日本人終於逮到大好良機，以替琉球漁民報仇為藉口，堂而皇之的出兵臺灣；日方派出一支兩千多名的精銳部隊，浩浩蕩蕩的直攻瑯嶠，發動一場悲慘、殘酷的戰爭，史上稱為「牡丹社事件」。

清廷眼見日本侵略臺灣，本該派兵護臺；然而，剛歷經太平天國的叛亂，又遭受英、法的欺壓，國力大損，實在沒有多餘的兵力可以派遣。萬不得已的情況下，就派了欽差大臣沈葆楨至臺巡查，再由他就巡查情況斟酌辦事。

沈葆楨祖籍福建。出身書香世家的他，從小飽讀詩書，可說上通天文、下知地理；長大後考中進士，身受朝廷重臣曾國藩的器重，得到大力的栽培。

後來經由媒妁之言，沈葆楨娶了禁煙大臣林則徐的女兒為妻；才子佳人締結連理，成為當時政壇的一大佳話。

沈葆楨赴臺巡查的那一天，一家人依依不捨的跟他道別。

「臺灣是個蠻荒之地，你自己要多加保重。」父親叮嚀又叮嚀。

「日軍蠻橫，一直想占領臺灣。夫君去了臺灣，記得不要跟日本人正面衝突；快去快回，別讓我在這裡操心掛念。」妻子更是殷殷告誡。

「你們放心，我自有分寸；希望能盡快完成任務，早日歸來。」

拜別親人後，沈葆楨渡海來到南臺灣；當他親眼看見這片土地的山明水秀，立刻深深愛上臺灣。

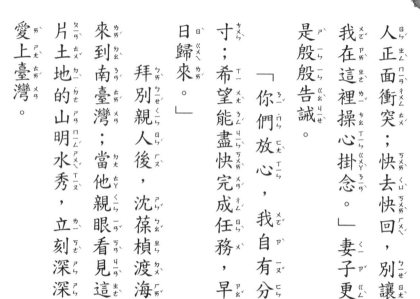

「這麼美麗的土地，卻多次遭受異國的欺凌……我決不讓日本人對臺灣有任何可乘之機！」沈葆楨暗自下了決心。

他很快的提出四項保臺政策，那就是「聯合外交、培育人才、儲備兵器、暢通消息」，目的只有一個：阻止日本對臺灣的野心！

可是，占領臺灣是日本的既定政策，想趕走他們談何容易？好不容易經過七次談判，並在美國人大力斡旋下，中日兩國終於簽署協定；但是，必須付日本一筆可觀的軍費，日本才願意撤兵離開臺灣。

事件雖然暫時落幕了，卻不保證日本人往後不會再犯，沈葆楨必須有長遠的考量。

「臺灣地理位置優越，物產十分富饒，一直是列強覬覦的目標；

過去因為朝廷治臺的政策太過消極，才讓日本人有機可乘。我該怎麼做，才能讓臺灣不再受到侵略？」

思考的霧霾漸漸散去後，他終於有了明確的答案。

沈葆楨告訴自己：「方法只有一個——加緊建設臺灣！臺灣變強了，日本人就不敢輕易侵犯臺灣！」

建設臺灣最缺的是人才。因此，沈葆楨修書一封，大膽向朝廷提出建言，希望朝廷取消人民來臺墾荒的諸多限制，以利進行臺灣的各項建設。

沒想到，清廷真的接受他的建議，解除了山地封禁的政策，一併連漢人渡海來臺的各項禁令也陸續廢除了。

接到命令後，給了沈葆楨很大的鼓舞；他立即進行一連串配合措施，除了鼓勵大家開發後山（臺灣東部）外，並積極規畫修築道路，加速各種地方建設。

不久，他又向朝廷提出第二個建言：「臺灣面積雖小，但為了加速臺灣的建設，應該增設府、縣。」

一八七五年（清光緒元年）傳來好消息，清廷答應臺灣由一府增加為二府。

哪二府呢？一是臺灣府，統轄臺灣、鳳山、嘉義、彰化、恆春五縣；另一府是臺北府，統轄淡水、新竹、宜蘭三縣。

至於縣的數目也增加了，像今天的宜蘭（原名噶瑪蘭）和恆春

（原來的瑯嶠），就是依照沈葆楨的規畫而設立的。

另外，沈葆楨感佩鄭成功三代對臺灣開發的貢獻，獨排眾議，開工修建紀念鄭成功的延平郡王祠，如今已成為南臺灣重要的名勝之一。基於國防需要，在安平、旗後、東港修築炮臺，並禮聘法國工程師籌建億載金城（第一座西式炮臺）。

沈葆楨真的讓臺灣變強了！他對臺灣的貢獻，以及他深遠的眼光，一直到今天，還深深印在臺灣人的心上！

為了讓臺灣變強，沈葆禎花了不少心血。小朋友，當你想要加強自己的體能或某種才能，也要踏實的投入相當的努力才能實現願望呵！

推動臺灣現代化——劉銘傳（一八三六年至一八九六年）

今天是離開臺灣的日子……站在船桅邊的劉銘傳回憶起在臺灣六年多的日子，內心有著莫大感觸，時光彷彿倒流回到幼年時光……

一八三六年，劉銘傳出生於安徽省合肥縣。由於時局混亂，他年幼時僅受過幾年的私塾教育。在讀書期間，他最喜歡閱讀英雄人物的偉大事蹟，常以古聖先賢為學習對象，從小心中就激盪著一股豪情壯志。

有一天，他對母親說：「大丈夫當生有爵（官位）、死有諡（古代有成就的人死後，官方封贈的稱號）。」母親聽了心裡很安慰，知道這個孩子將來必有大出息。

劉銘傳出生在一個動亂的時代，他出生不久，清廷先在鴉片戰爭中戰敗，又在英法聯軍中舉白旗；再加上太平天國的內亂，可說外患內亂接踵而來。國家衰敗，倒楣的是老百姓，民不聊生的情況十分嚴重。

戰亂中謀生不易；劉銘傳的父親為了養活一家人，只好做起不法勾當，靠販賣私鹽來維持生計。

劉銘傳少年時期經常跟著父親跑遍大江南北賣鹽，接觸到形形色色的人物，有時難免會遇到一些逞勇鬥狠的事。劉銘傳把這些看在眼裡，內心自有一把尺；非但沒有對他產生壞的影響，反而讓他比一般年輕人多了一分成熟和膽識。

當太平天國之亂席捲全國時，劉銘傳的家鄉也受到波及；保家衛國人人有責，劉銘傳自然不會退縮。他登高一呼，對鄉民說：「各位父老兄弟們！國家遭遇動盪不安的時候，我們必須團結一心、保鄉衛土，才能避免遭受更大的劫難！」

鄉民被他的熱情感動，紛紛加入自衛隊的行列。劉銘傳知道一盤散沙發揮不了作用；於是，他組織「團練」，訓練鄉民成為進退有據的勇士。在他英明的指揮之下，一連打了好幾次勝仗。

屢建奇功的劉銘傳，聲名遠播，不久便傳到清廷高官耳裡。

一八六二年（清同治元年），李鴻章代表朝廷招募軍隊征討太平軍；劉銘傳帶著一大票團練集體投靠，引起一陣騷動。

這一年，劉銘傳僅二十五歲；所謂英雄出少年，他已堂堂成為「銘軍」的首領！

劉銘傳指揮作戰，有勇有謀，深得士兵們的信賴；在將官和士兵齊心努力下，經常打勝仗。不僅在平定太平天國上建立奇功，後來對付捻亂（黃河一帶的土匪）時也經常凱旋歸來。朝廷感謝他的屢建大功，特別封予「一等男爵」的榮耀。

一八八四年（清光緒十年）爆發中法越南戰爭，法軍侵擾北臺灣一帶，情勢十分危急；劉銘傳成為朝廷的不二人選，奉命前來臺灣督辦軍務，統領軍隊抵抗法軍。

劉銘傳領導的軍隊果然不同凡響，先後在基隆、淡水兩次戰役中大獲全勝，確保了臺灣的安全。

因為這場戰役，讓清廷深刻瞭解臺灣的戰略重要性，臺灣因而正式建省。可是，誰來當臺灣巡撫好呢？

朝廷將物色人物的重任交給曾國藩，曾國藩找來好朋友李鴻章幫忙，李鴻章給了三個推薦人選。

曾國藩為了測驗他們三個人中誰的人品最好，便約他們在曾府面談。到了約定的時刻，曾國藩故意不出面，讓他們在客廳中等候，暗中觀察他們的一舉一動。

只見其中兩位按捺不住心中的煩躁，不停的相互抱怨，只有劉銘傳一個人心平氣和的欣賞牆上的字畫；後來，曾國藩就考他們客廳中的字畫，當然只有劉銘傳答得出來。不久之後，清廷發布人事命令，由劉銘傳擔任臺灣首任巡撫。

上任後，劉銘傳展開一連串自立自強的救臺行動！他下令在澎湖、基隆、淡水、安平等地建立炮臺，並增設機器局和軍械所，開始生產武器。

鐵路建設攸關國計民生和經濟發展，劉銘傳劍及履及的進行籌畫。臺灣鐵路總局於一八八七年在臺北成立，並由大稻埕開始分南北動工；臺灣第一套電報系統也架設起來了，方便遠距離的聯繫；還買了輪船往來海外，增強國際貿易。

新建設需要新人才，在劉銘傳奔波下，西學堂、電報學堂應運而生，培育出不少國家棟梁，為臺灣的現代化邁開了重要的第一步。

一系列新政中，還包括臺北有了郵政總局、電燈照明和自來水供應，讓百姓大開眼界！

一八九一年（清光緒十七年），劉銘傳以年老體衰為由，向朝廷請求告老

返鄉。雖然他離開了，仍然時時心繫臺灣；直到五年後病逝家鄉那天，仍念念不忘臺灣的一切。

後來，朝廷追贈劉銘傳「太子少保」的頭銜，諡號「壯肅」；劉銘傳終於達成他少年時代立下的人生理想——「生有爵、死有諡」。這位為臺灣現代化奠定基礎的大功臣，也留給臺灣人民無盡的感恩和懷念。

給小朋友的貼心話

小朋友，劉銘傳小時候喜歡閱讀英雄人物的故事，以古聖先賢為學習的對象，所以從小心中就激盪著一股豪情壯志，加上自己的努力，難怪長大後能成就大事業。

國父孫中山先生說「只要做大事，不要做大官」，劉銘傳卻說「大丈夫當生有爵、死有諡。」你覺得哪一個對呢？想想看，劉銘傳為什麼會想做大官呢？他又以他的力量做了哪些事？

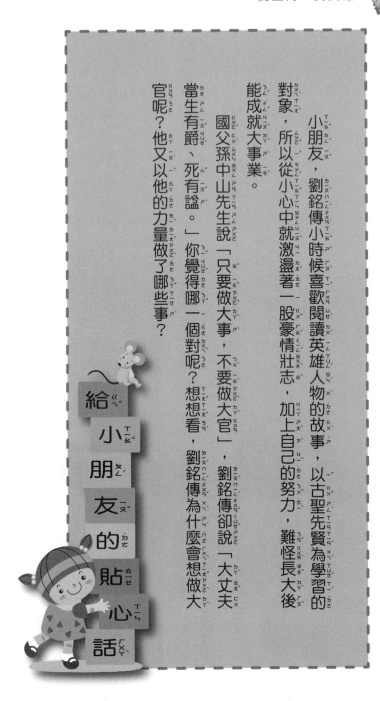

義不降倭——劉永福（一八三七年至一九一七年）

甲午戰爭（一八九四年）失敗，清廷被迫和日本簽訂「馬關條約」，將臺灣割讓給日本。消息傳來，臺灣人民義憤填膺，民意沸騰，誓死不接受日本人的殖民統治。

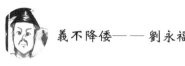

「我們決不做倭寇的子民，臺灣不能成為日本的殖民地！」

「清廷既然不要臺灣，我們就自己成立一個新國家，大家認為如何？」

這個建議獲得大眾熱烈的響應。於是，「臺灣民主國」正式成立，年號「永清」，以藍地黃虎為旗幟。駐守在臺南的劉永福聽到臺灣被割讓的消息，內心十分悲憤，仍積極展開軍事布署，準備抵抗日本鬼子。

劉永福出生於廣東省，從小就父母雙亡，過著孤苦伶仃的生活。為了討生活，劉永福和土匪鬼混，成為其中一員，遭到官府通緝；後來輾轉逃到越南，躲避風頭。

逃命的日子真不好過，簡直度日如年。

「土匪的日子真不是人過的，整天不是躲躲藏藏，就是打打殺殺！」劉永福對這種日子厭倦極了，決定改頭換面、重新做人。

可是，身無一技之長的劉永福，一直找不到工作；迫於無奈，他投靠了當時統治越南的阮氏家族，成為其中的一名戰將。

劉永福一方面協助討伐流竄的盜匪，一方面維持地方秩序，讓商業活動能順利進行。

商人感謝他的協助，心甘情願的向劉永福繳交稅金；劉永福便運用這筆錢組織了一支「黑旗軍」。

黑旗軍軍紀嚴明，戰鬥力十足，迅速在軍界竄起，成為大家茶餘飯後談論的焦點。

這時候，法國一直虎視眈眈，想要奪取越南。劉永福早有打算，派兵控制軍事要道，讓法國軍隊難越雷池；法軍不信邪，發動更激烈的攻擊，但每次都鎩羽而歸。

「黑旗軍竟然能擊退法軍，真不敢置信！」

「可不是！連清廷都聞風喪膽的法軍，黑旗軍也能打敗，真了不起！」

在老百姓眼中，劉永福已成為臺灣的救星、抗法的英雄。

清廷得知消息後大為振奮，特別授與官職，表示欣慰。

一八九四年（清光緒二十年），甲午戰爭爆發，劉永福奉命帶兵戍守臺灣。不久後，就傳來臺灣割讓給日本的消息。

「清廷戰敗了，倒楣的是臺灣人民，就要成為日本的殖民地了！」

「我看還有轉機呵！臺灣民主國不是成立了嗎？聽說就是為了抵

抗日本人的統治而成立的。」

「哪有你想像的那麼容易？日本的兵力這麼強大，臺灣民主國能擋得了嗎？」

這些話聽進劉永福耳裡，讓他感慨萬千。國家積弱，列強便上門欺負；可憐的無辜老百姓，被異族統治，免不了將遭受不平等待遇。

事實上，劉永福心知肚明，臺灣民主國的總統唐景崧（末任臺灣巡撫）並不打算長久抗戰，他只是順應大家的要求，做做樣子而已！果然，一如劉永福的預測，唐景崧沒多久便一走了之；在群龍無首的情況下，北臺灣人心惶惶，立刻被日本人占領。

劉永福成為臺灣人民仰望的唯一救星。

「大人！臺灣民主國名存實亡，能救臺灣的只有您了！」

「是啊，大人！您當總統來領導我們，共同抵抗日本鬼子吧！」

部屬和民眾費盡唇舌的懇求，劉永福仍不為所動。

另一方面，日本臺灣總督樺山資紀一而再、再而三的勸降，劉永福也拒不接受。

劉永福知道眼前局面的艱困前所未有，抗日需要有很大的能耐；至於投降日本，對民族意識高昂的劉永福來說，想也別想。

劉永福心知肚明，日本人向他招降，無非想全面掌控臺灣；他不想讓日本人得逞，便盡力戍守臺南府城。就這樣，「劉永福義不降倭」的名聲，在南臺灣傳開來了。

可是，巧婦難為無米之炊；困擾劉永福的軍隊缺糧、缺武器問題，一直沒有獲得改善。

「清廷已將臺灣割讓給日本人，是無法再對臺灣增兵、增糧了；軍隊沒有糧食、武器，怎麼打仗？」劉永福不勝唏噓，「臺灣民眾基於民族情操紛紛抗日，造成很多人犧牲；我繼續領導他們奮戰下去，會有好結果嗎？」

沒想到情勢變化如此之快，入秋後府庫全空，民心動搖、對未來失去信心，加上日軍大批人馬壓境，劉永福心裡明白：是該放手的時候了！

最後，劉永福選擇離去；趁著夜黑風高的晚上，他帶著一批親信渡海返回家鄉廣東。

劉永福畢竟是條鐵錚錚的漢子，閒不下來；回到家鄉後，很快的以「黑旗軍」名義重新招兵買馬，成立正義之師，鎮壓匪徒作亂，維護地方秩序。

辛亥革命成功後，劉永福被任命為廣東省民團總長，盡心盡力為鄉里服務，直到民國六年去世。雖然他無法親眼目睹臺灣光復，但他在天之靈，一定同樣會感到欣慰的。

雖然沒辦法在臺灣繼續努力抗日，回到家鄉後，劉永福一樣能為鄉里盡心盡力。小朋友，一個人總有某方面的特長，還是可以尋找自己擅長的才能，開創自己的一片天呵！

心胸開放的富豪——李春生（一八三八年至一九二四年）

李春生出生在清朝末年，正是國勢日益衰落的時期，社會動盪不安，人心惶惶、不可終日。

一向以「天朝」自居的清朝，終於明白自己是井底之蛙了！但覺醒得太晚，刀劍槍棍根本抵擋不了洋槍洋炮；一連串戰爭失利所簽下的條約，大大傷害了國家和善良百姓。

戰敗的國家哪有尊嚴可言，只能當俎上肉任人宰割了；在洋人的要求下，廣州、上海、福州、寧波和廈門五個港口對外開放了，外國船隻可以自由進出，英國人也能前來通商傳教。就在這種時空背景下，出生廈門的李春生從小就跟父親一起上教堂、做禮拜，結交不少外國人。由於經常和英國教士接觸來往，十幾歲的李春生已學會了一口流利的英語，能輕鬆的跟英國人對話。

「你對中國生意人有什麼看法？」李春生對貿易很有興趣，常問英國朋友這方面的問題。

「太保守了！」英國朋友據實以告，「中國傳統的買賣方式不夠積極，大多數人只想守成，缺乏創新的企圖心。」

李春生把這句話牢牢記在腦海裡；所謂「知己知彼，百戰百勝」，洋人的優點或許正好可以用來改進自己的缺點。

為了多聽、多學，增強自己貿易買賣的能力，李春生在剛滿二十歲那年，便迫不及待的投入英商洋行做買辦，對內負責貨物進出口，對外擔任和洋人溝通應對的工作。

像一塊乾海綿般，他努力吸收做生意的技巧和與人溝通的方法；心胸開放的他，天天都有新體認，年年都有大成長。

然而，這樣的日子卻稍縱即逝，很快就畫下了休止符。不久後，太平天國攻占福建，廈門岌岌可危；有錢的洋人怕受到牽累，紛紛離去。

「我看你是個人才，將來大有作為，千萬不要被時局困住，阻礙了發展。」英國老闆決定關掉廈門的洋行，臨去前依依不捨的對李春生說，「帶著我這封介紹信，趕快去臺灣找杜特先生吧！」

就這樣，李春生離開故鄉，隻身來到人生地不熟的淡水，投靠「寶順洋行」的杜特先生。

杜特是個開朗幽默的英國人，很好相處。有一天，他找來李春生，和他商量一件事：「你知道英國人是所有歐洲國家中最講究喝茶的，我最近對種茶產生很大的興趣。」

「杜特先生，難道你要親自在臺灣種茶，再外銷英國？」李春生詫異的問。

「我是想種茶，但不是我種，而是輔導農民種植。」杜特氣定神間的說。

他們很快的投入這項工作；不僅獎勵農民種茶，還改良了烘焙方法，製造出能回甘的好茶，讓品茗者讚不絕口。

結果，外銷成績遠遠超過預期目標，銷售量直線上升，令杜特欣喜萬分。由於他和李春生的努力，不僅將臺灣茶葉推向國際，還讓茶葉成為臺灣重要的產業之一。

靠著製茶外銷，李春生賺進大把金錢，成為大富翁；可是，他並不因此滿足，接著連續揮出幾個強棒，把臺灣的煤炭、稻米和糖等物品外銷國外、賺取外匯，同時進口煤油、布料等洋貨賣給國人。短短幾年之間，李春生已成為臺灣排名第二的大富豪（第一是板橋林家）。

「白手起家不容易，請問你是怎麼辦到的？」有人問李春生。

「我也曾經想過這個問題。有人認為我運氣好，事實不然。我歸納我成功的原因，首先在於我勤奮敢拚，再來是我能充分掌握市場需求，最後是因為我同時作進出口生意，

雙邊獲利。」

李春生的成功並非偶然。他為人謙虛，做事穩當，又能充分發揮從洋人身上學來的生意經，再經過數十年的努力，怎能不富？

李春生致富後，對國家前途更加關心。有一天，朋友問他：「覆巢之下無完卵，你對國家前途有什麼看法？」

李春生慷慨直言：「中國幅員廣大，就像隻老母雞，要下蛋都很困難，更不用說是下金蛋了。倒是臺灣地處邊陲，疆域不大，正好可以勵精圖治、推行新政，成為中國各省的榜樣。」

後來劉銘傳建設臺灣，進行改革、推動新政，果真讓臺灣成為新政改革中最成功的一省！

不過，隨著甲午戰爭的失敗，臺灣及澎湖被割讓給日本，日軍兵臨城下，北臺灣將面臨一場浩劫；形勢比人強，朝廷既然已經割讓臺灣給日本，減少傷害才是當務之急。於是，李春生拖著老邁身子去見日軍領袖，懇請日軍「和平」入城；日軍答應他的請求，確保了臺北居民生命和財產的安全。

這位來自「唐山」的生意人，用他的一生告訴世人，成功絕非偶然，而是努力不懈換來的成果！

小朋友，除了李春生自己說的成功原因外，你覺得他還有哪些成功的特質呢？或許，能保持心胸開放，努力吸收做生意的知識與技巧，並勇於創新及開拓，正是他成功的關鍵吧！「心胸開放」也是我們求知與待人處事的應有態度呵！

開發臺灣後山——胡傳（一八四一年至一八九五年）

胡傳，字鐵花，出生於中國安徽省；晚年曾經來臺為官，擔任後山（臺灣東部）知州一職。他有個赫赫有名的兒子，就是受後人敬仰的學者和思想家——胡適先生。

胡傳的父親經營茶葉生意；在耳濡目染之下，胡傳從小就學會管理貨物和核對帳目的本事，也常隨著父親上山採購茶葉，是父親的得力小助手。

胡傳十六、七歲時，跟隨父親到上海；父親做茶葉生意，他則專心求學。跟一般讀書人一樣，胡傳希望求得一官半職、光耀門楣；可是，他的仕途不太順利，科舉考試成績一直欠理想。

雖然如此，胡傳並不灰心。他踏實穩健的行事風格，以及積極負責的辦事能力，很快被朝廷大臣發現，並獲得大力推薦，成為東北拓荒的一名要角。

胡傳全心全意的投入墾荒中。在東北四年多的歲月裡，他做過土地測量、戶口調查、國界會勘、邊地墾務等工作；當地老百姓提起他，無不豎起大拇指，尊稱他為「神君」、「良師」。

一八九一年，胡傳奉旨調往臺灣，當時他已五十二歲。

胡傳雖然人已半百，但身體相當硬朗，心理年齡更是年輕，壯志不減；他認為：「臺灣對我來說是個陌生的地方，我必須環島一周，先認識這裡的地理環境才行。」

就這樣，胡傳靠著無比的毅力，花了大半年的時間走訪各地，足跡遍及全臺，因而對臺灣有了深厚的感情。北部從淡水開始，往南一直到恆春，再深入後山的臺東、花蓮、宜蘭，連外島

澎湖也留下他的足跡；每到一個地方，他都詳實記錄訪察心得。

第二年，臺灣末代巡撫唐景崧任命胡傳為「臺東直隸州知州」一職，兼「鎮海後軍各營」統領，加強後山防務。如此一來，他不但成為當地的最高行政首長，還兼掌軍權，負起管理官兵的重責大任，開啟了他另一段嶄新的人生事業。

「臺灣東部可說是一片荒煙蔓草，生活大不便，以後你有苦頭吃了！」

「後山民風剽悍，原住民和漢人經常起衝突，糾紛不斷；去那裡當官是個苦差事，今後你有得頭疼了！」

朋友對他講的沒錯。後山地處偏僻，交通不便，民智未開，一向被官場的人視為畏途，沒人願意在那裡當官；即使硬著頭皮上任，也是想盡辦法趕快調走。因此，在短短六年時間內就換了八位知州。

胡傳有自己的看法，他對朋友說：「後山一片荒煙蔓草，那是因為地方官不願久留、欠缺建設的緣故；至於居民的衝突，也是由於耕地有限，地方官處置不當的關係。只要官府公平處理，糾紛自然止息，有什麼好害怕的？」

胡傳走馬上任後，發現一個大問題：後山部隊抽鴉片問題十分嚴重；近兩千名官兵中，竟然只有九十九名沒染上毒癮。

胡傳大為震驚，火速下了一道命令，限定他們在一個月內戒除毒癮，否則強制遣退。

沒想到，官兵竟對他來個下馬威——集體請假鬧失蹤，很多崗位因而沒人站衛兵。

胡傳心不慌、意不亂，又下了第二道命令：只要願意領戒菸藥丸的人，可以再多寬限一個月，一個月後無法戒除才遣散。

官兵其實也怕失去工作，便乖乖返回工作崗位，並努力戒除毒癮。在胡傳不斷宣導、勸誡下，成效卓著，只有七十多人因毒癮太深、戒除不了而遭到遣散。

日軍侵臺前夕，臺灣各部隊軍心渙散，戰力幾乎等於零；唯獨後山部隊有如旭日東升，充滿朝氣，這都要歸功於胡傳的領軍有方。

甲午戰爭失敗，中國把臺灣割讓給日本；後山建設才剛起步，沒想到遭逢青天霹靂，深愛臺灣的胡傳因而整日鬱鬱寡歡，身體一天比一天差。

最後，沒辦法可想，他只好黯然離開臺灣；返回廈門幾天後便一病不起而去世，他的兒子胡適當時才五歲。

民國四十一年，胡適回到小時候曾經和父親住過的地方——臺東，受到當地父老們熱烈的歡迎。雖然過了五十多年，臺東父老們依然難以忘懷胡傳的身影和德政；除了為他樹立紀念碑外，火車站前還有一條以他的字命名的道路，叫「鐵花路」。

給小朋友的貼心話

胡傳上任後，發現部隊抽鴉片問題嚴重，火速下令戒除。為什麼鴉片這麼可怕呢？會對人造成什麼危害？小朋友可以請教老師或上網查詢資料。

一個吸毒上癮的人，就形同廢人，甚至為了吸毒而偷拐搶騙，不只傷害自己，也傷害他人。遠離毒品，才是聰明人呵！

愛臺商人——林維源

（一八四〇年至一九〇五年）

板橋林家花園擁有中國江南庭園的造景；走在曲折的廊道，穿梭流連於樓臺亭閣、古木老牆間，不禁讓人跌入歷史的情境中，彷彿轉個彎就會與花園主人林維源相遇。

林維源，字時甫，祖籍廣東龍溪，出生於臺北淡水。少年離家，和哥哥林維讓渡海到廈門求學，聰明才智獲得老師賞識。

林維源十九歲那年學成回臺，年紀輕輕就和林維讓共同繼承父業「林本源記」。

父親的事業很大，除了經營米、鹽、糧食外，還有航海和錢莊的事業；自我期許高的林維源，戰戰兢兢的學習經營實務，迎接各種挑戰。

林維源絲毫沒有紈褲子弟奢侈浮華的習氣，反而克勤克儉、用心理財，具有成功者的特質。經過五十多年的苦心經營，他將家業推到巔峰，令林家成為臺灣首富。

「天下興亡，匹夫有責；國家、人民有難，林家怎能置之不顧？」林維源是個大善人，經常捐錢給清廷救濟貧苦無依的災民，獲得清廷頒給「尚義可風」的牌匾，也使他得到「內閣中書」的官銜。

林維源對於支援臺灣的各項建設更是一馬當先。建造臺北府城時，他自願負責督導整修城牆和城樓，並捐資一筆巨款解決經費不足的窘境，讓當時的臺北城知府感佩不已。

樂善好施的林維源還捐出一大筆錢，模仿西式建築，在臺北大稻埕闢建兩條商店街（千秋街和建昌街），吸引中外商家紛紛進駐營業，為臺北的繁榮發展打下紮實的基礎。

一八八五年，臺灣正式建省，劉銘傳擔任臺灣省首任巡撫，大刀闊斧的進行改革，並積極推動各項基礎建設。

不過，建設需要大筆經費；愛臺的林維源除了大表支持和擁護外，更以實際行動捐獻五十萬兩銀子，彌補官方捉襟見肘的窘況。隔年，清廷設臺灣撫墾總局，劉銘傳兼任撫墾大臣，他任命林維源為幫辦撫墾大臣，實際綜理全省撫墾工作。

林維源躬逢其盛，得以展現他的智慧和才能，全心全意的投入開發臺灣的工作；他還把林家大溪的舊宅改成撫墾局衙門，作為開墾荒地的辦公處所。

此外，林維源重新丈量全臺各地田畝，訂出合理稅則，以增加財政稅收；兩年後工作完成，清理出了四百多萬畝田園。

劉銘傳十分欣賞這位愛將，曾當面誇獎他：「稅收由每年的十八萬三千多兩，增加到如今的六十七萬兩，這全是你一個人的功勞！」

開發臺灣以教育為先，培養人才比什麼都重要；因此，林維源在撫墾總局下設立義塾，教育數千名原住民孩子。他在臺北天后宮設立學堂，除授課外，每三天到臺北城參觀一次，以開闊學生們的視野。

精明能幹的林維源在事業上也展露了他的長才。林家產業持續不斷拓展，從購地出租、採收樟腦，到投資房地產、建設港口，採取的是多元化的經營方式，成功的將林家產業的觸鬚伸展到臺灣的各個角落。

林家事業飛黃騰達，林家人丁更是興旺，原有的三落大厝已不夠居住，顯得擁擠不堪；林維源決定擴建林家花園，增建宅邸。

五年後完工，嶄新的五落大厝顯得精巧樸實，花園占地三千八百多坪，林園之勝，為北臺灣首屈一指，可說是板橋林本源家族財富及地位的象徵。

林家花園建成後，成為政商名流進出優游的名園。然而，不過一兩年的光景，清廷因甲午戰爭失敗，將臺灣割讓給日本；於是，板橋林家建立的龐大事業面臨前所未有的危機。

清廷割讓臺灣，林維源不願被日本人統治，舉家搬到大陸廈門鼓浪嶼安身，度過他最後的十年生命；直到他離開人世為止，都未曾再踏上臺灣的土地一步。

五十一年後，日本戰敗投降，臺灣重歸中國的懷抱，林家花園卻已不復當年盛況。

民國三十八年，國民政府遷都來臺，占地廣大的板橋林家園邸成為暫時安頓難民的場所。如今，五落大厝已不復存在，僅存三落大厝，其餘都已改建為大樓。

深愛臺灣的林維源若能親眼看見臺灣光復，不知會有多高興！因為，臺灣這塊土地，可說是他安身立命、魂縈夢繫的地方啊！

給小朋友的貼心話

美國前總統甘迺迪說：「不要問國家能為你做什麼，要問你能為國家做什麼！」這句話已成為經典名句；我們也可以將「國家」換為「大家」、「他人」或「社會」。小朋友，當我們受爸媽及師長照顧與教導時，也想想自己能為家人或朋友做些什麼事吧！

英明頭目——卓杞篤

（生卒年不詳）

一八六七年三月九日，一艘美籍商船「羅佛號」冒著大風大雨從中國廣東出發，目的地是臺灣。

沒想到，輕颱轉為超級颱風，掀起的巨浪有半天高；商船在驚濤駭浪中，驚險萬分的前進。不一會兒，「轟隆」一聲，在蘭嶼附近觸礁，船身破了一個大洞；倒灌的海水讓船身迅速傾斜，眼看就要沉沒。

「棄船！快登上小艇逃命！」船長亨特不得不下令船員逃生。

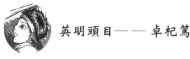

亨特船長夫婦和水手十多人划著小艇，經過一番與風雨、巨浪的搏鬥後，終於在臺灣恆春登陸。他們以為撿回一條命，鬆了一口氣。沒想到，更大的災難在後頭等著他們。

一登陸，他們馬上成為「斯卡羅族」原住民鎖定的目標；這些原住民手拿弓箭，眼睛露出憤怒的火光。

「這些可惡的金髮碧眼阿兜仔（西洋人）！上次登岸時，不分青紅皂白的連殺父兄十多人，這個仇今天非報不可！」

斯卡羅族原本是臺東卑南族的一支；遷居恆春後，融入排灣族裡，而被清廷歸於排灣族，稱為「瑯嶠十八社」。

亨特船長一行人不知大難臨頭，走進原住民預定的射程內，旋即被一陣亂箭射死。

原住民發出一陣歡呼，興高采烈的奔回去向大頭目稟告這個好消息。這就是臺灣歷史上有名的「羅佛號事件」。

頭目卓杞篤（Tauketok）知道這件事後，心情十分平靜的對族人說：「清廷已經開放臺灣的港口和外國人通商，如果一再和洋人發生衝突，我們將永遠沒有安寧的日子。父兄的仇今天已報，以後我們不可再隨意殺害洋人。」

所以，斯卡羅族之後對入侵的西洋人採取「嚇阻政策」，只以「箭雨」嚇唬他們而不殺害。

可是，「羅佛號事件」並未因此落幕，而是持續發酵。

美國認為這件事必須徹底做個了結，否則登陸臺灣做生意危險性很高；於是，政府派出美軍陸戰隊，在軍艦開砲掩護下登陸襲擊。

卓杞篤面對強敵的侵略，並不害怕；他帶領族人隱身於岩石、草叢中，以飛鏢、擲石、毒箭、鳥鎗應戰。

由於山路崎嶇、地勢險峻，美軍進退維谷，死傷十分慘重，最後落得狼狽而逃。

美國覺得很沒有面子，派出駐廈門領事李先得向清廷表達強烈不滿。李先得碰過幾次軟釘子後，無法交差，決定親自登陸臺灣一趟，會一會厲害的頭目卓杞篤。

當天，李先得在英國商人畢麒麟陪同下，來到「瑯嶠十八社」。卓杞篤安坐在草棚中，神情輕鬆自在；他的身旁分別站著兩排勇士，個個體型驃悍、孔武有力。

充當翻譯的畢麒麟講起排灣族的語言支支吾吾的，並不流暢，交談中只好以手勢輔助。

為避免因語言不通而發生擦槍走火的憾事，卓杞篤下達指令：「沒有我的命令，不許輕舉妄動。」

談判進行中，卓杞篤冷靜觀察，再作精確的研判。他的觀察力十分敏銳，很快就發覺李先得並非為尋仇而來，而是想瞭解美國商人在臺做生意遇到危急時，尋求原住民幫助的可能性。

來者是客；客人既然釋出善意，主人豈有刁難的道理？卓杞篤命令勇士退出草棚，微笑的說：「既然你們不是入侵者，純粹只是做生意，碰到危急時，我們會義不容辭的協助，不過……」

「不過怎樣？有困難嗎？」李先得擔心的問。

卓杞篤幽默的說：「我們只有一個請求。為了避免遺憾的事再度發生，請貴國商人跟我們交涉時，隨時保持友善的笑容。」

此後，雙方在和諧氣氛下會談，彼此約定以紅旗當信號，代表船員需要原住民支援糧食。

有了這次愉快的會談，李先得之後又多次造訪卓杞篤，並餽贈厚禮，感謝原住民給予美國商人幫助；兩人像知己好友般，碰面時總是開懷暢飲，舉杯互敬。

不過，英明的卓杞篤並沒有被禮物和酒沖昏了頭。當李先得提出建碉堡的要求時，他馬上一口回絕，鎮定的說：「此事萬萬不可！土地是我們的，如果讓你們建了碉堡，往後可能會危害到我族人的安全。」

這就是臺灣史上唯一具有國際聲望的原住民大頭目——斯卡羅族的卓杞篤；他思維清晰，有守有為，知道什麼事該做、什麼事不該做。

給小朋友的貼心話

卓杞篤因為「知道什麼事該做，什麼事不該做」，才能不失尊嚴的跟外國強權和平相處。小朋友，你也知道自己什麼事該做、什麼事不該做吧？如果做了不該做的事，便可能會造成不好的後果呵！

醫病也醫心——黃玉階（一八五〇年至一九一八年）

「人為什麼要來到這個世界？人生的意義到底是什麼？」少年黃玉階經常思考這個人生問題。

為了追尋答案，年少的黃玉階皈依齋教先天派，從此斷葷吃素，努力鑽研教義。他終生持齋不娶，以普渡眾生、服務大眾為一生職志。

一八五〇年，黃玉階出生於彰化縣大肚堡（今臺中市梧棲區），從小聰穎過人，悟力極強。他很快就領悟到：一個人來到世間，並不是為了享樂，而是為了發揮生命的光與熱去造福人群。

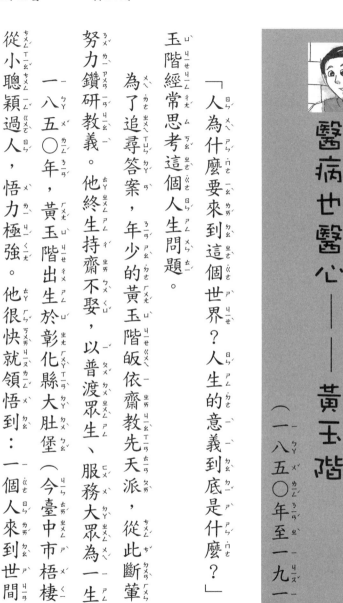

有了這層覺醒後，他本著宗教家的熱忱，一步一腳印，認真確實的去做；他發願要像燭光一樣，以自己微弱的光芒，照亮周遭的黑暗。「這個世界到處都是痛苦的人，我必須宣講真道，讓他們能離苦得樂。」長大後的黃玉階又發了這個大願。

不久後，他在臺北大稻埕創設「普願社宣講所」，親自傳道，宣講善書。受過他幫助的人，知道慈善家開班授道後，奔相走告，前來聽講的人把講所擠得水泄不通。

黃玉階看民眾反應熱烈，內心十分欣慰，陸續在全臺各地設立分所，南北奔波，為苦難的大眾在內心點燃一盞盞明燈。

後來，他發現鄉親常被病魔折騰，無法前來聽法；於是，他去找名醫學習中醫。年過三十，他已經學得一手好醫術，開始掛牌行醫。

黃玉階醫術高明，對待病人猶如父兄，親切和藹，總是詳細的詢問病情，配合診脈，再對症下藥；他的醫德醫術，獲得大家很高的評價。

日本殖民政府調查當時臺灣漢醫（中醫）人數，有一千餘名，發給漢醫執照；領得第一號漢醫執照的人，就是黃玉階。

當時臺灣的環境衛生十分糟糕，各種傳染病流行，引發民眾惶恐不安，到處尋找治病的良方。

黃玉階寫了一本《療養新方》，免費贈送各家各戶，教導大家強身防病才是根本之道，並在書中提出正確觀念：衛生、清潔乃保健的第一步；萬一不幸染病，香灰、符咒無法治病，一定要找醫生醫治。

流行病蔓延時期，黃玉階馬不停蹄的奔走在窮鄉僻壤間，免費為病人看診，甚至好幾次深入霍亂、鼠疫（黑死病）的疫區救人。他的勇敢、他的熱情，感動了無數病人；因此，鄉親對他提出的衛生保健觀念十分認同，都願意配合實行。

日本統治臺灣初期，把辮髮、纏足、吸食鴉片列為臺灣的三大陋習，大力推動改善，但效果一直欠佳。

黃玉階登高一呼，告訴鄉親：「如果不想讓日本人看扁我們，大家必須即刻去除這三大陋習，讓日本人對我們刮目相看。」

其實，黃玉階早已明白，辮髮、纏足是滿清留下來的餘毒，也是鄉親揮之不去的夢魘；如果不採取激烈手段，很難有立竿見影的成效。

於是，黃玉階夥同一群志同道合的朋友，全力推動社會運動，在大稻埕成

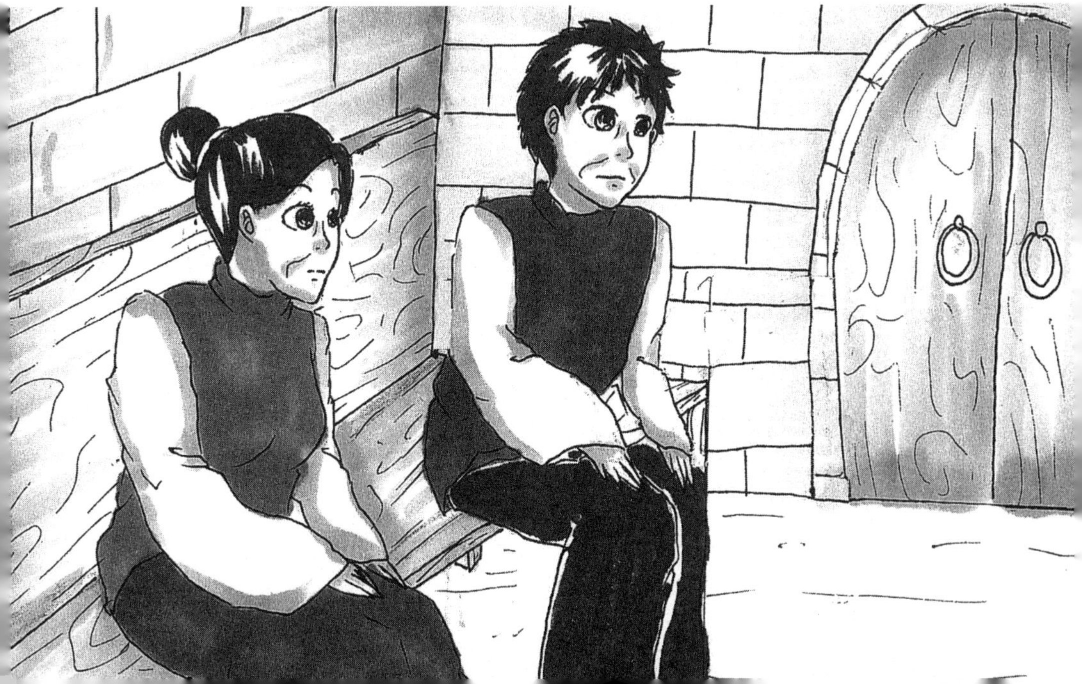

立「臺北天然足會」，展開「放足」的宣傳，呼籲女子解放纏腳。

他告訴婦女：三寸金蓮並不是富貴的象徵，而是對婦女的壓迫；纏足的婦女走起路來似乎搖曳生姿，卻也走得顛顛倒倒。把一雙好好的腳綁得扭曲變形，不是智者會有的作法；因為，行動不便的女人只能待在家裡，是無法成為現代婦女的。

在會長黃玉階大力推動下，響應「放足」運動的婦女日漸增多；不到三年，會員就增加了兩千多人。不只本島的基隆、桃園、新竹、臺中等地紛紛成立支部，連離島的澎湖也不例外。

一九一〇年，在孫中山先生領導的革命風潮下，興起「剪辮風」；臺北大稻埕的區長黃玉階適時提出「斷髮不改裝會」的主張。

「斷髮」指剪去清朝時代的辮髮；因為購置洋服將增加經濟負擔，所以暫時不改裝，仍穿唐裝。

隔年，也就是滿清政權最後一年，區長黃玉階在大稻埕公學校（今太平國小）舉行斷髮大會，一百多人當場集體斷髮，場面相當壯觀，一共有數十名包括日、臺官員到場觀禮。

此後，斷髮、放足的潮流興起，有如掀起的浪潮般，一波接著一波，誰也抵擋不了；不勞日本人強迫，大家紛紛剪去辮髮，現出清爽、輕鬆的模樣。

黃玉階身兼宗教家、中醫師、慈善家、區長於一身，建樹良多，真是一代奇人哪！

小朋友，等你慢慢長大時，一定也會想到「人生的意義」這個問題；在這之前，你就多吸收知識、多增廣見聞，從中去思考「生命的意義」吧！同時，也要注意衛生及保健觀念；有健康的身體，才能從事自己喜歡及有意義的活動嘍！

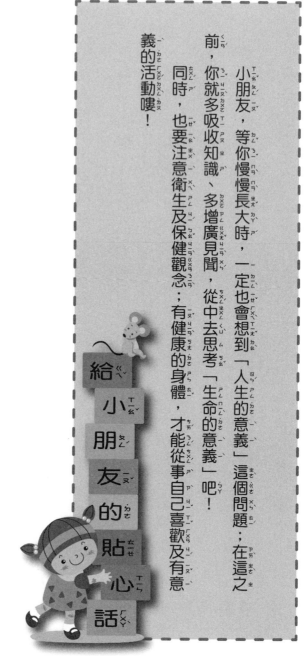

化平凡為神奇——洪鴦

（一八五三年至一九四一年）

走進位於苗栗縣苑裡鎮的藺草文化館，來到帽蓆文化區，看見編織細緻的草帽和草蓆，不禁讓人想起大甲帽的發明人洪鴦。

洪鴦出生於滿清末年，家鄉在臺灣中部的通霄鎮白沙屯。因為家中貧困，無法上學讀書，天天跟泥土為伍；不管晴天或雨天，洪鴦都跟隨父母到田裡耕種，一家人過著縮衣節食的農家生活。

雖然大字不識一個，可是洪鴦聰穎過人；無論學習什麼，她都很快就能抓住訣竅，學到精髓。

從小，她便能隨手以草葉編出各種唯妙唯肖的動物造型；長大後學習刺繡，擁有一雙巧手的她，繡出來的花卉更讓大家驚豔。

「你們來瞧瞧，阿鴦繡的花朵細膩生動，每一朵花都像真的一樣，真漂亮！」

「可不是嗎？你們看這對鴛鴦，游水的姿態輕盈自在。阿鴦的巧手繡出了鴛鴦恩愛與幸福的感覺，太難得了！」

鄰居們你一言、我一語，對阿鴦的刺繡作品讚美不已。

洪鴦的母親笑得合不攏嘴：「是啊！我天天跟菩薩祈禱，希望阿鴦將來能嫁個好人家，不用再跟我們下田受苦。」

不知是菩薩沒聽到洪鴦母親的祈求，或是命中注定，經由媒妁之言，洪鴦嫁給苑裡鎮一位叫高治的青年；高治也是耕田為生，洪鴦仍脫離不了務農的命運，依舊過著日出而作、日入而息的農家生活。

婚後，孩子一個個來報到。張羅五個小孩吃的、穿的，雖然讓洪鴦忙昏了頭；可是，看著孩子一天天的長高，她心中感到無比欣慰。

洪鴦原以為和丈夫相依為命的日子，可以一直到年老；沒想到無常來得十分迅速，她三十七歲那年，丈夫就一病不起而離開人間，留她一人獨自扛起撫養小孩的重擔。

「五個孩子中，最大的也不過十來歲，日子怎麼過下去？」洪鴦想到今後的難處，眼淚掉個不停。丈夫走得匆忙，沒有留下任何積蓄，耕地還是向地主承租的。

「我不能倒下去，孩子需要我！」洪鴦擦掉淚珠，想起以前曾跟平埔族的婦女學過編織，突然有了靈感：「對了！編織物品販賣，也許可以賺些錢來補貼家用。」

當天，洪鴦跑去找熟識的平埔族婦女，觀察到她們使用一種特殊的草編織物品；一問之下才知道，是苑裡隨處可見的藺草。

藺草質地堅韌，晒乾之後不僅柔軟耐用，而且冬暖夏涼，的確是編織的好材料。

有一天，洪鴦帶著小孩在田裡工作。天氣十分炎熱，太陽像個大火球，把大地烤成大火爐；孩子被烈日晒得汗珠直流，一直喊熱。這一幕給洪鴦帶來了靈感：「嗯，我就來編個草帽給孩子遮

陽！」當天，她拔了一些三角藺草回家，經過幾個工作天後就編織出一頂草帽。

兒子戴著藺草帽到處炫耀，看到的鄉親都讚不絕口；激勵了洪鴦繼續編織，完成後再拿到市場販賣。

意外的，草帽生意奇佳，很快就被搶購一空；大家普遍的反應是：藺草帽比斗笠輕巧多了，戴起來很舒服。

鄰居紛紛向她請教藺草帽的編織方法；洪鴦毫不藏私，詳細的教導大家編織的技巧。

不久後，創作力強的洪鴦又有了新作品。她積極投入草蓆的研發、編製，編織的草蓆除了使用韌度十足、輕柔耐用的上等藺草外，還有個當時別人所沒有的特色，就是蓆面編織了各種美觀的圖案。

這些美麗的花紋設計，讓草蓆在實用價值之外又多了藝術價值。苑裡辦務署署長淺野元齡看了很喜歡，親自登門拜訪。在他的安排下，洪鴦開始授課，教導當地婦女從事編織工作，進而將草帽、草蓆銷售到日本去。

因此，不只當地婦人賺進不少財富，銷貨的集散地大甲更是遠近馳名，搶了原產地的光采，大家都將產品稱為「大甲草帽」、「大甲草蓆」。洪鴦更受邀到各所學校開班授課，也四處授徒教導；從新竹到臺南沿海地區，約有幾十萬名婦女從事這項手工業。

臺灣總督府特別頒發獎章給洪鴦，肯定她對草帽產業的貢獻。她以八十九歲高齡離開人間，她的玄孫將這枚傳家寶的獎章捐贈給苑裡藺草文化館，成為「鎮館之寶」。

苑裡藺草文化館前立有一座洪鴦指導小朋友草編技藝的雕像，傳達了鄉親對於編織高手洪鴦無限的追思和懷念。

原本普通的草蓆，加上了美麗圖案後便價值倍增，這就叫「附加價值」。小朋友，觀察身邊的事物，用些巧思，說不定你也能點石成金，讓不起眼的事物價值倍增呵！

南臺灣抗日英雄——余清芳（一八七九年至一九一五年）

驕陽高照的夏天，大批日本軍警荷槍實彈的在林野間搜索，捕捉抗日重要分子余清芳；余清芳聞風而逃，早已不知去向。恨得日本人大罵：「連個鬼影子都找不到，又被余清芳逃掉了！」

說起余清芳，可是南臺灣響叮噹的頭號義士，也是日軍最頭痛的人物。身為抗日義軍首領的余清芳，經常出其不意的率眾偷襲日警派出所，造成日方人員的傷亡；因此被日本人列為嚴重的叛亂分子，甚至對他下達格殺令。

「日本人太霸道了！侵略土地，壓榨百姓，壞事做盡；不給他們一點顏色瞧瞧，他們會越來越囂張。」每次一談起日本人，余清芳就怒火中燒。

「你真的不怕日本人？」

「怕什麼？要錢，沒有；要命，一條！」余清芳為臺灣百姓而戰，早已將生死置之度外。

這位視死如歸的英雄，原

籍福建，出生於臺南。他小時候進過私塾，後來因為家境窮困而停止讀書。臺灣割讓給日本那年，他剛好十七歲，正值血氣方剛之齡；他懷著滿腔熱血加入地方義軍抗日，期望能趕走日本人。

可惜，義軍在遭逢幾次圍捕後，元氣大傷；成員死的死、逃的逃，地方義軍可說名存實亡。余清芳的熱血仍在沸騰，絲毫不受抗日未成的影響。

為了餬口營生，余清芳作過許多不同的工作；雖然都不能長久，但因而廣結人脈，認識更多抗日人士。他一直把抗日列為畢生志向，到處宣揚抗日理念。

「日本人做事太絕了，連百姓信仰中心的廟宇也要占領，還說我們的信仰是迷信！」余清芳說出心中的不快。

「是呀！日本人說廟裡的符咒是騙人的玩意，貼符咒、喝符水是無知的行為。」一位中年人附和著說。

「連迎神廟會的申請也被打了回票，說是什麼『糾眾集會，妨礙治安』，你說氣不氣人！」慷慨激昂的年輕人揮舞手中的拳頭大聲嚷著。

「鄉親們！士可殺、不可辱，日本人這麼『鴨霸』，我們不能再忍氣吞聲了，給他們一點顏色瞧瞧，好不好！」

就這樣，余清芳到處傳播仇日、抗日的思想，引起日警的注意，對他發布了緊急通緝令。

擅於躲藏的余清芳多次躲過日警的追緝，令日警頭痛萬分。他三十歲那年，不小心洩漏行跡，被抓到臺東管訓；關了兩年多出獄後，因機緣認識了臺南「西來庵」裡的抗日志士。從此，他就以「西來庵」作為據點，暗中招兵買馬，推動抗日的行動。

一九一五年（民國四年）八月，余清芳認為時機成熟，毅然決然的率眾攻擊臺南噍吧哖支廳的南庄派出所（今臺南市玉井區）！

他身先士卒，一邊吶喊，一邊帶頭往派出所衝。

「同胞們，衝啊！殺光日警，還我自由！」

志士們手拿棍棒鐮刀隨著一擁而上，看見日本警察就砍；措手不及的日本警察死傷慘重，趕緊向上級求援。

不久，手握真槍實彈的日本軍隊來到，對抗日義士展開殘酷的屠殺。雙方武器懸殊，勝負已定，余清芳不得不下撤退令，帶著義士逃往山裡避難。

日本警察為了徹底消滅抗日人士，定下招降計畫，誘捕抗日分子。

「你看過日本人的招降書了嗎？自首無罪，我們就去自首吧！」

「也對！這種躲躲藏藏的日子真累，總不能永遠躲下去啊！」

潰散的義軍中，信心不夠堅定的人心生動搖，一個個前往派出所自首；余清芳力勸無效，只能眼睜睜看著他們走進虎口。

果然，安撫招降的宣傳根本就是詭計，隱藏著莫大陰謀。這些自首的義士，後來被日軍集體屠殺，可說哀鴻遍野，慘不忍睹；被殺的總人數難以估計，少說也有數千人之多。這就是歷史上有名的「噍吧哖慘案」。

在日本人地毯式的搜捕下，余清芳也不能倖免於難，在八月底被捕，隨後被判死刑。

余清芳死時年僅三十七，可說英年早逝。經過這次事件的教訓後，臺灣人民改變抗日方式，不再採用武裝抗日的敵對手段，而是採取集會、演講、請願、抗議等溫和的抗爭方式，要求總督府善待臺灣人民。

給小朋友的貼心話

印度聖雄甘地，領導印度人民採取「非暴力運動」，終於讓英國殖民政府不得不讓步。

小朋友，當你跟人發生爭執時，你會吵架或是平心靜氣的好好談談呢？平心靜氣的談也許更能化解爭執呵！

慷慨抗日的原民英雄——莫那魯道（一八八〇年至一九三〇年）

臺灣中部南投山區住了一群泰雅族人；他們與世無爭，守著祖先留下來的好山好水，過著天堂般的快樂生活。

然而，隨著日本人占據臺灣，泰雅族人的美好日子悄悄的發生了變化……

馬赫坡社的頭目莫那魯道是霧社地區最具影響力的人物，可說無人不知、無人不曉。他從小就展露堅毅的性格和領袖的特質，再加上強健的體魄和驍勇善戰的本事，一直高居族裡人氣排行榜的冠軍。

莫那魯道的領導能力很有口碑；他不僅對排解族人糾紛有一套，而且教族人如何闢地墾荒、捕捉野獸，讓族人過著衣食無缺的生活。對生性淳樸的原住民來說，有莫那魯道這樣英明的領袖，他們就滿足得謝天謝地了。

可是，好景不常，甲午戰爭失敗，臺灣被割讓給日本，從此進入日本殖民統治時期；就像一顆巨大炸彈在臺灣引爆，深深震撼臺灣的每一個人，泰雅族人當然也不例外。

臺灣人民不願意被日本人統治，引發一波波的抗爭。他們採取激烈的手段，拒絕日本的接收；雖然明知這是雞蛋碰石頭，但是臺灣人民不怕死，在各地紛紛起義抗爭。

日本軍警疲於奔命，為了壓制抗日風潮，他們採取最嚴厲、最殘酷的手段。

「原住民生性野蠻，對我們威脅最大，非採取高壓手段不可。」一名日本警察這樣說。

「我有同感。原住民行動敏捷，像山林中的精靈，神出鬼沒，很難對付，手下留情將對我們自己不利。」另一名警官說。

「既然如此，我們對原住民的集會結社，必須嚴密監控，以免生番暴動滋事。」高階警官最後作了裁示。

從此，泰雅族人失去原有的自由，種種屈辱的事件層出不窮，可說天天上演。

像天使被貶落凡間，幸福越離越遠；難道往日的歡笑只能從記憶深處去尋找了？

「不甘願！一千一萬個不甘願！」泰雅族發出了怒吼。

「這種苦日子，我們還要忍到何時？」族人無語問蒼天。

他們把希望全部寄託在領袖莫那魯道的身上，他們要莫那魯道給一個答案。

這時候，日本人為了籠絡原住民頭目，特別安排一趟日本之旅，讓原住民頭目赴日參觀，親眼目睹日本帝國的強大，進而打消抗日的決心，莫那魯道也在受邀之列。

日本人萬萬沒想到，他們這樣做反而得到反效果。莫那魯道看見日本國內的官員彬彬有禮，警察兢兢業業；在臺灣的日本警察及官員，卻完全變了另一張嘴臉，讓莫那魯道氣憤極了。

「住在臺灣的日本官員，個個簡直像豺狼虎豹，待人凶狠；日本警察更可惡，逼迫臺灣人民做苦力，根本不把臺灣老百姓當人看待！」

從日本回來後，更堅定了

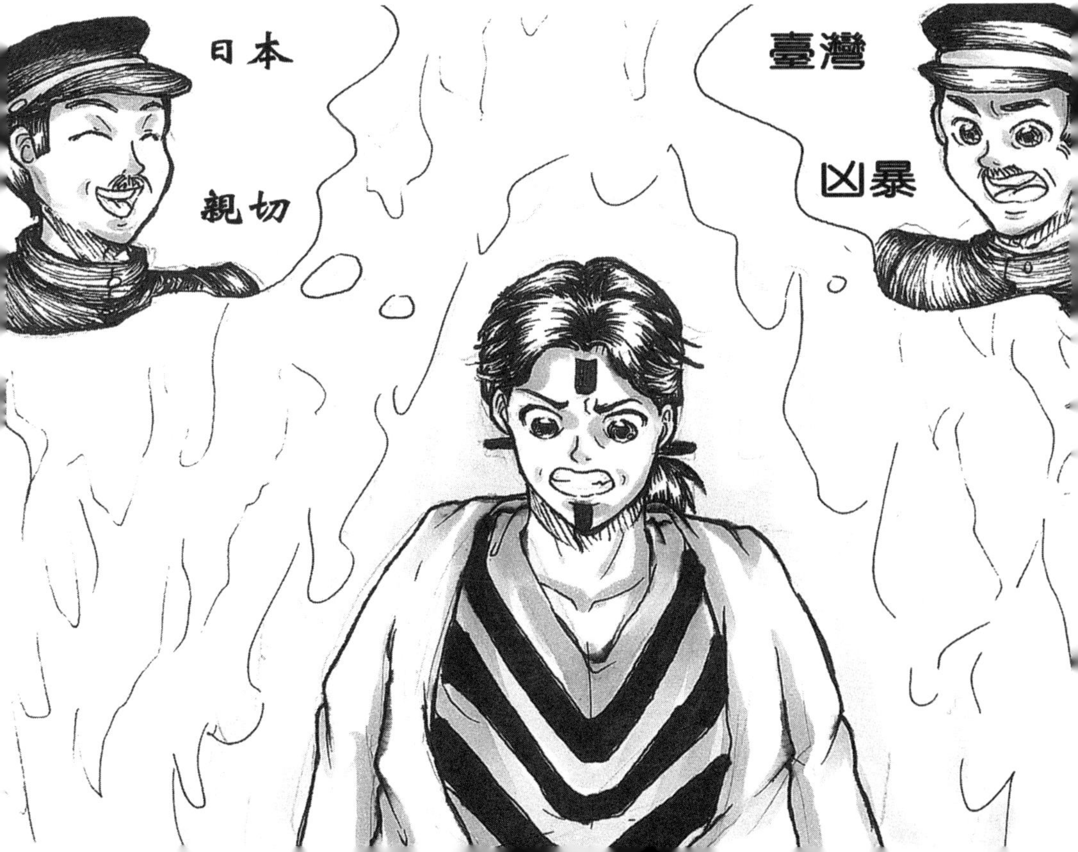

莫那魯道抗日的決心；他向原住民同胞說「是」，只待時機成熟，泰雅族人即將展開一場驚天地、泣鬼神的抗日活動！

日本人為了有效控制原住民，方便蒐集情報，鼓勵雙方通婚，莫那魯道的妹妹便被安排嫁給一名日本警察。

不幸，這名警察婚後意外身亡。當遺族向日本官方申請撫卹金時，卻得到這樣的回答：「我們的警察過世了，跟你們再也沒有任何關係，你們別想要什麼撫卹金！」

「我妹妹的丈夫因公殉職，日本政府難道不該照顧她嗎？」莫那魯道發出不平之鳴。

「生番是不能跟日本人相比的，你死了這條心吧！」日本人冷言冷語的說。

莫那魯道氣得說不出話，拳頭握得緊緊的。

沒過多久，妹妹的兩個女兒相繼病死，更讓當舅舅的莫那魯道對日本人恨之入骨。

哪知，一波未平一波又起。莫那魯道的兒子和日本人起了衝突，為了息事寧人，莫那魯道多次前往道歉；一番好意卻不被日本人接受，反而遭來一頓臭罵。

連番的打擊，讓莫那魯道下定決心：率領六個部落的三百多名壯丁，攻擊參加霧社聯合運動會的日本人！

那天，部落壯士抗日的情緒來到最高點；他們殺紅了眼，徹底宣洩內心積蓄已久的不滿，連鄰近的派出所及行政機關也一併遭殃，總共殺死了一百多個日本人。這就是著名的「霧社事件」。

不肯就此罷休的日本人，派出軍警兩千多人進入山區圍剿嫌犯，甚至出動飛機，使用炸彈和毒氣，欲置原住民於死地，總共殺死原住民將近一千人。

莫那魯道看見族人死傷慘重，內心極為悲痛；他要求全家自盡，以免再受日本人屈辱；他則獨自平靜的走入森林深處，用長槍結束生命，向世人告別。那年，他正值壯年，只有四十八歲。

一代英雄的屍體被送到臺北帝國大學（今臺大）供學術研究，直到民國六十三年才遷回霧社安葬，並樹立「霧社抗日事件紀念碑」。

從此，英靈長眠自己的故鄉，日夜庇佑他心繫的泰雅族人。

日本人對待臺灣人的態度跟在日本本土不同，難怪會讓莫那魯道感到不滿。

小朋友，如果有一個人，對有錢人或名人總是笑嘻嘻，對於一般人就凶巴巴，你覺得這個人怎麼樣呢？

熱血的生命鬥士——蔡培火（一八八九年至一九八三年）

「我永遠忘不了一八九五年！」蔡培火經常向他的親人和朋友提到這句話。

這一年對蔡培火來說，是國仇家恨糾結的一年；這年，他才六歲，小小心靈卻受到兩股巨浪的強烈沖擊。一是甲午戰爭失敗後簽訂馬關條約，把臺灣割讓給日本，引來臺灣民眾的極度恐慌；一是父親因病去世，可以依靠的大哥又因為參加抗日行動而下落不明，家人陷入一片哀戚中。

驚慌、悲痛的母親認為臺灣再也待不下去了，帶著年幼的蔡培火逃往中國大陸，尋找一線生機。可是，一個女子在陌生的他鄉謀生不易，況且身邊又有幼子需要照顧，日子過得十分艱困。

很快的，身邊的盤纏花光了，蔡培火又吵著要回臺灣，母親不得不帶著一顆破碎的心返回北港老家。

雖然遭逢如此逆境，蔡培火並沒有被打敗，反而使他更堅強。他從小就是個懂事的孩子；除了勤奮不懈、努力向學外，還會幫忙做家事，替母親分憂解勞。

資質聰穎的他，興趣十分廣泛，語文能力尤其高強。接受日本教育的蔡培火，能說一口流利的日語，還精通臺語和漢文，而且寫得一手好文章。

一九〇六年，十七歲的蔡培火進入總督府的國語（即日語）學校師範部就讀；畢業以後，分發到「公學校」當老師。當時的公學校屬於初等教育，修業六年畢業，以日語教學為重點；教學的目的，主要是為了同化臺灣人，讓學童從小認同日本文化，而忘了自己是漢人。

教學過程中，蔡培火產生很大的困擾。面對天真無邪的孩子，他常常這樣反問自己：「身為一位教師，我應該讓孩子認識中華文化的博大精深，進而培養他們的愛國情操才對；可是，我今天卻在散播日本文化，教孩子忘掉自己是誰！」

蔡培火沉睡的心靈甦醒了，他省思：「總督府這種愚民政策，只會扼殺臺灣人的思想，根本不是在教育臺灣人。我怎能泯滅良心，作他們的幫凶？」

經過深思熟慮後，蔡培火毅然決然的提出辭呈，離開教職，在林獻堂的資助下前往日本留學。「我想知道日本國內是如何培育師資的，日本老師又是如何教導學生民族精神教育的！」

帶著一窺究竟的心態，蔡培火順利考進東京高等師範學校理化科就讀，他才恍然大悟：日本國內的教育和在臺灣實施的教育，簡直有天壤之別！

同樣來自臺灣的留日學生，大家聚在一起談到眼前的局勢，都不勝唏噓。蔡培火有一次感嘆的說：「日本對臺教育政策別有用心，不僅抹殺了臺灣人的發展機會，還愚弄了人民；目的很簡單，就是潛移默化，讓大家乖乖就範，做個聽話的順民。」

蔡培火這一番見解深刻的談話，引來很多人共鳴；在他們邀請下，蔡培火不久後便加入臺灣留日學生的抗日活動。

學成回臺後，蔡培火創辦《臺灣民報》，擔任編輯和發行人；他期許自己成為臺灣社會運動的先驅者，讓自由、民主的幼苗，在臺灣各地茁壯。

一九二三年（民國十二年），蔡培火因為參加「臺灣議會期成同盟會」，以違反治安警察法的罪名遭到逮捕。消息傳出後，蜂擁而來的民眾把獄所四周圍得水洩不通；在大家的眼中，蔡培火是位不折不

臺灣民報

扣的民族英雄！

應訊時，蔡培火一點也不害怕，大聲說出在內心蘊藏了很久的話：「我不殺、不搶，只為臺灣人民爭取合理的權利，難道有錯嗎？日本國內有憲法，治理臺灣卻用『六三法』，讓臺灣總督府握有生殺大權，行使獨裁的統治方式，這公平嗎？」

這番正氣凜然的陳辭，連日本法官都為之動容，最後只是警告性的輕判：監禁四個月。

出獄後，蔡培火依然為民族運動奔波不已，先後創立「臺灣民眾黨」和「臺灣地方自治聯盟」，要求日本當局讓臺灣人民經由普選產生地方首長和民意代表。

在蔡培火鍥而不捨的努力下，總督府終於做了讓步，將原先全部官選的民意代表，改為半數官選、半數民選，只要合乎資格的男性，都擁有選舉權和被選舉權。

一九三七年，「盧溝橋事變」引爆中日戰爭。蔡培火為了避開總督府的跟監，遠走上海；直到一九四五年日本戰敗投降，才又回到臺灣。

政府接收臺灣後，不幸發生「二二八」悲劇。蔡培火感慨萬千的說：「大家都是中國人，分什麼本省、外省！」他認為，彼此言語不通造成的誤解，是導致悲劇的原因之一；因此，他專心於國語和閩南語對照的字典編輯工作，希望透過有效的溝通，能讓住在臺灣這片土地上的人們成為和和氣氣的一家人。

蔡培火一直是位熱血民族鬥士，八十五歲時還創辦「中華民國捐血運動協會」，鼓勵大家「捐血一袋、救人一命」。仁者長壽，他活到九十五歲的高齡才辭世，結束他為國、為民奮鬥不懈的一生。

給小朋友的貼心話

小朋友，在你周遭有沒有說英文、日文、或是越南話、泰國話的外國朋友呢？你會因為語言的不同就討厭、排斥他們嗎？何況，國語、臺語或客家話及原住民語，都是臺灣同胞所用的語言呢！親切及開放的態度，也能成為彼此溝通的橋梁呵！

以「臺灣孫中山」自許——蔣渭水（一八九一年至一九三一年）

蔣渭水是個有理想、有抱負的人。由於他天資聰穎，再加上後天的努力，正值英年的他，已身為大安醫院（位於臺北大稻埕）的創辦人和春風得意酒樓的負責人，羨煞了許多年輕人。

春風得意的蔣渭水，臉上不免有幾分驕矜之色，心裡暗想：「我既是名醫，又是大商人，放眼今日社會，有誰能跟我相比？」

不過，蔣渭水畢竟不同一般人；隨著年歲的增長，智慧也隨著日漸成熟。每到午夜夢迴，他內心總會浮現一絲不踏實的感覺，有個聲音一直在心裡說：「人生所追求的，難道只是眼前看得到的名與利而已嗎？」

這時候，臺灣是個動盪不安的時代，日本人剛統治臺灣，各地抗爭事件層出不窮；臺灣人民像是飛蛾撲火般，前仆後繼的壯烈犧牲，為臺灣百姓謀幸福。這些慷慨赴義的壯舉，蔣渭水全看在眼裡，不能說毫無感觸。

蔣渭水心底有根絃，不時的撥動著，激發出民主與自由的交響曲；只是，他隱忍著，沒有採取具體的行動。

一九二〇年（民國九年），林獻堂等臺灣菁英分子推動社會運動，採取完全不一樣的抗爭方式；他們捨棄先前臺灣人民壯烈犧牲的激烈抗爭行為，改以集會、演講、請願和抗議等合法的溫和手段，來迫使日本人改變統治的方式。

這種溫和的抗議手段，正是蔣渭水所想要採取的，也是比較可行的方式。被撼動的蔣渭水感覺心中的音樂像雷鳴般鏗鏘作響，他是無法再保持沉默了。

「中國有孫中山為革命建國而奮鬥不懈，臺灣卻缺少一個孫中山；我身為高級知識分子，難道不能學孫中山，為臺灣前途貢獻一己之力嗎？」

蔣渭水很快的聯絡上了林獻堂；兩人一見如故，共同成立「臺灣文化協會」，如火如荼的展開臺灣的民族運動。

成立大會那天，蔣渭水上臺發表演說，演講題目是「如何為臺灣治病？」他開宗明義的說：「臺灣人現在所患的病叫做『知識營養不良症』，文化運動是唯一的療法，而文化協會就是專門研究並施行文化的機關。」

原本治療病人的蔣渭水，現在為臺灣診脈，並開

出藥方；臺下的聽眾聽得如痴如醉，大家都有相見恨晚的感觸。

蔣渭水告訴聽眾：「在日本的殖民統治下，臺灣人失去了思考應變的能力；日本人只想同化臺灣人，讓臺灣人忘卻中國文化的本質，而順從總督府的政策。」他指出一條明路，「往後我們要增設學校、讀報社、舉辦各種講習會和演講，以啟迪民智，喚醒大家的民族意識。」

演講中不時響起如雷的掌聲，會員的心被他的話全繫在一起了。總督府不久就接獲情報；對於蔣渭水這種激進的民族意識，當然不能容忍，便將他列入危險分子的名單之中。

不久後，蔣渭水被捕入獄。關了四個月出來後，蔣渭水並不畏懼，朝他的理想繼續邁進；他成立「臺灣民眾黨」，也是臺灣社會上第一個具有真正影響力的政黨。

蔣渭水身為醫生，最恨吸毒，因此他登高一呼，公然跟總督府抗爭。當時，日本人在臺灣不僅不禁毒、反毒，還允許毒品公開販售。

蔣渭水義憤填膺的說：「中國在十九世紀因為一場鴉片戰爭而敗給英國，從此飽受列強欺凌，鴉片帶來的慘痛教訓還不夠嗎？日本人在國內明令禁止鴉片，卻在臺灣准許販售；這種陰狠的手段應該公諸於世，讓世人明白日本人的卑鄙！」

蔣渭水草擬一份文稿，準備向「國際聯盟」投訴，還巧妙的運用計謀避免日本人攔截扣押。

這份英文電報，蔣渭水選在電報局已經下班的時間，由他的兒子前往發送。這樣一來，外人一定認為是家人出了大事，才會由一個十幾歲的孩子去發電報；再者，那些留守的值班人員英文程度較差，正好可以蒙混過關。

蔣渭水的妙計果然奏效，電報順利發到「國際聯盟」，真的派來一批人員調查鴉片事件，因而導致日本的國際形象嚴重受損。

總督府對蔣渭水可說恨之入骨。一九三一年二月，日本查禁「臺灣民眾黨」，禁止公開活動；蔣渭水受到嚴重打擊，從此健康一路走下坡。同年八月，蔣渭水病逝，得年四十二歲。

臺灣人民對這位民主鬥士的去世十分不捨，全臺有數千人趕來參加告別式，表達他們內心無限的崇拜和無盡的哀戚。

給小朋友的貼心話

小朋友，你正在追求什麼——功課更好、有更多時間玩？……「人生要追求什麼？」會隨著一個人的逐漸成長而有所不同，就像蔣渭水先生那樣。在成長過程的每個階段好好思考自己想要做什麼、如何踏實去做，你或許便會知道自己要追求什麼……

臺灣第一位博士——杜聰明（一八九三年至一九八六年）

杜聰明出生於滬尾（今淡水）的一戶農家；父親早逝，他由母親一手拉拔長大，從小過著窮困的生活。

就像他的名字一樣，杜聰明自幼聰穎，學習能力很強。進入小學讀書後，他像一塊乾海綿，努力吸收一切學問；他的表現非常突出，學業成績始終保持第一名，全校師生沒有人不認識他。

杜聰明受到小學校長小竹德吉的影響很深；校長非常注重人格養成，經常告誡學生要以真面目待人，不可虛偽蒙騙。

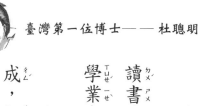

校長對全校師生公開演講時說：「人的價值高下和學問的深淺沒有什麼關係，而是以精神修養和品格作為依據，心的修養比追求知識更為重要。」

這些話像一顆種子般在小杜聰明心中那畝田地悄悄的播下，然後萌芽、茁壯，慢慢的塑造出他堅忍不拔、以仁為本的性格。

十六歲的杜聰明以第一名畢業，同年以榜首佳績考進當時的最高學府「臺灣總督府醫學校」，成了報紙的頭條新聞。因為身材過於瘦小，杜聰明差一點兒被拒絕入學；幸好主考官堅持不以貌取人，還是順利的入學就讀。

「救人必須先救己！」經過入學面試的事件，杜聰明深加反省，

「我非鍛鍊出強健的體魄不可。」

杜聰明說到做到。在醫學院求學期間，除了努力鑽研學問外，他還勤練體魄，天天洗冷水澡、練棍棒操；他原本瘦弱的身體，慢慢的變得壯碩。

六年後，杜聰明同樣以第一名的成績畢業，帶著校長殷殷叮嚀的一句話離開校門：「在做一個醫生之前，要先做一個人。」這句話成為他一生的座右銘。

杜聰明關心課業，更關心國家前途。他熱烈支持孫中山先生推翻滿清的革命行動；雖然本身生活拮据，還是省吃儉用，好幾次捐錢給大陸的革命志士。

一九二二年，杜聰明赴日留學，進一步鑽研醫學，表現依然出色，通過京都帝國大學論文審查，成為臺灣獲得博士學位殊榮的第一人。

他的指導教授愛才，希望他留在日本發展；可是，愛國的杜聰明認為臺灣更需要他，便婉轉拒絕了。

為了拓展視野、增進交流，杜聰明走了一趟歐美；在長達兩年的遊學過程中，他積極投入藥學和病理學的研究，頗有心得。

杜聰明返臺後，看見社會上瀰漫吸食鴉片的不良風氣，十分痛心，便請求總督府成立「臺北更生院」，幫助吸毒者戒毒；同時首創「禁藥尿檢法」，檢測患者是否有吸食鴉片的習慣。直到現在，這種方法仍被世界各國普遍採用。

杜聰明四十四歲時已是臺北帝國大學（今臺灣大學的前身）的教授；日本人認為他深具影響力，藉著推行「皇民化運動」的理由，希望杜聰明改個日文名字，作為臺灣人的表率。杜聰明堅決的表示：「姓氏源自祖先，名字是父母賜予，哪能輕易更改！」

杜聰明不僅是位名醫，也是國際公認的「毒蛇專家」。他發現，地處亞熱帶的臺灣，毒蛇特別多，經常有百姓被咬傷後延誤治療而喪命；這促使他在臺北帝國大學成立藥理學教室，帶領學生投入蛇毒藥學及毒物學的研究，前後總共發表一百多篇論文，在國際上樹立了權威地位。

二次世界大戰結束後，日本戰敗、歸還臺灣，國民政府任命杜聰明為臺大醫學院院長兼附屬醫院院長、以及熱帶醫學研究所所長。

杜聰明六十一歲時，又風塵僕僕的到南部的高雄，創辦私立高雄醫學院（今高雄醫學大學）。他積極推動榮譽制度，明白的告訴學生：「你不會寫沒關係，但如果作弊，就只有留級一途。」

他在學校成立畫會，營造藝術氣息；並邀請畫家將蘭大衛醫師切割愛妻皮膚移植給病童的情景繪成「割膚之愛」一畫，掛在走廊上，感化了許多高醫學生。

杜聰明最大的貢獻，是將臺灣推向「每個村莊都有醫生」的頂峰。他感嘆漢人忽視山地醫療，因此招收「山地醫生專科班」，為原住民盡一分心力，使山地不再有無醫村。

這項偉大的貢獻大大降低了原住民的死亡率，使他們勇於面對疾病而不是靠巫術來解決。

杜聰明博士的一生全貢獻給了臺灣、給了醫學；他締造了許多第一，也實現了仁心仁術的心願。臺灣人永遠忘不了這位一代名醫！

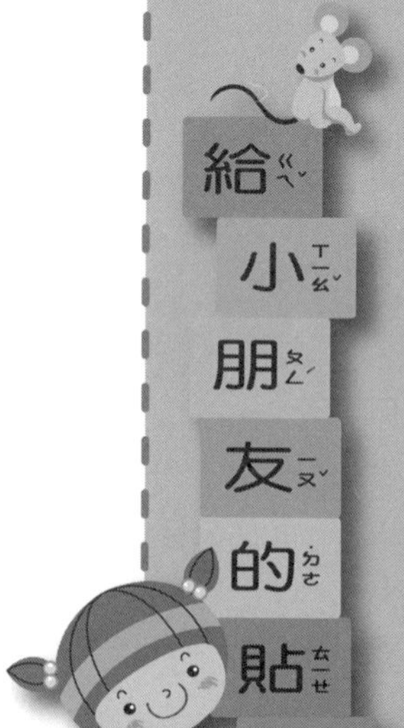

小朋友，你覺得一個人的「價值」是什麼？是功課很好？是長得帥、長得漂亮？是很會運動？或是誠實、親切、樂於助人？好好觀察與思考，當個有「價值」的人吧！

彰化媽祖——賴和（一八九四年至一九四三年）

賴和起個大早，梳洗完畢後開始做早操，準備迎接新的一天。

「昨天晚上忙到三更半夜才睡覺，怎麼不多睡一會兒？」家人關心的問。

「最近天氣多變化，感冒特別多，急診的病人也多，說不定等一下又會有病人掛號。」賴和真是料事如神，隨後便有一個焦急的婦人抱著發高燒的孩子匆匆跑來，拜託賴醫生提早看診。

賴和是彰化地區的名醫，除了醫術好，醫德更好；因此，看診的病人有增無減，醫院經常被病人擠爆。

「賴醫生看病是救人第一；如果你繳不出醫藥費，二話不說，完全免費。這種菩薩心腸的醫生，上哪裡找？」曾經受過恩惠的病人感動的說。

如果你就這件事去問賴和，他會這樣輕描淡寫的回答你：「醫生的職責是治病救人，又不是賺大錢。」

賴和的家鄉在彰化，出生後不久，臺灣就進入日本殖民統治時期。雖然賴和接受的是日本教育，但從九歲念私塾開始，他就持續不斷的學習漢文，打下了深厚的根基。

賴和十六歲考上總督府醫學校（今臺大），轟動彰化地區。畢業後先在嘉義醫院任職，兩年後轉回彰化，開設「賴和醫院」服務鄉親。

這裡的病人都是生活困苦的農民，賴和總是親切溫和的問診，讓每位病人都能感受到醫生對他們的關懷；鄉親後來都以「彰化媽祖」來稱呼他。

空閒的時候，賴和喜歡藉著閱讀來沉澱自己。他從研讀

經史子集的過程中，培養出浩然的民族情操；對受到日本強權統治的臺灣人民，感到無比痛心！

當胡適的「五四運動」如火如荼展開時，賴和剛好有個機會前往廈門的博愛醫院；五四的新思潮讓他耳目一新，加深了他對國家民族的責任感。

因為這分被點燃的責任感，賴和回國後立刻加入林獻堂、蔣渭水等人創設的「臺灣文化協會」，還在《臺灣民報》擔任文藝欄編輯，並舉辦各種文化活動；目的無他，只要是為了啟迪民智，喚醒大家的民族意識。

這時候，受到白話文學的激勵，賴和拿起擎天巨筆，從事新體詩和小說的創作，並積極培養新一代的青年作家，儼然成為臺灣新文學運動的領導人物。

熱力四散、傳播愛國和民族思想的賴和，日本人當然不會輕易饒過，曾藉故將他逮捕入獄；出獄後，賴和潛心佛學研究，沉澱自己的心靈，思考如何走下一步。

孫中山先生逝世的消息，有如洪鐘乍響，再度激發了他憂國憂民的愛國情操和民族大義。賴和以他充滿感性的文筆，從關懷天下蒼生的角度出發，揭發日本人壓榨臺灣人民的暴行，寫出許多感動大眾的好文章。

總督府再度對他伸出魔爪，賴和二度入獄；他知道，這次是進來容易出去難了。不過，他的心情十分平靜，每天寫《獄中日記》，記下自己的所思所想。

「人生如果只是吃、只是睡，一天過一天，有什麼意義？」賴和在獄中常會思考人生這個大問題，「人生的意義或許每個人都不同，但我為何而來？」

「看見日本人壓迫臺灣人民的暴行，有血氣、有正義感的人能視而不見、無動於衷嗎？」

「我此生的意義，就是為臺灣人而來；為他們的自由而生，也為他們的尊嚴而死！」

監獄裡的生活條件實在太差了；雖然賴和的身體一天比一天衰

弱，但他並不怨天尤人，「求仁得仁，有什麼好抱怨的？」

抱著羸弱的身子，他一筆一畫的寫下他的心情；日記裡寫滿他對臺灣土地的愛，以及他對臺灣人民的情。

或許他真的累了，最後一病不起。在家人的奔走中，總督府特准出獄；不過，這時的賴和已經油枯燈殘，仙丹也難救了！

只捱了短暫的時日，賴和還是嚥下最後一口氣走了，年僅五十。

賴和的物質生命雖然不能長留人間，但是他的精神生命薪傳不息。在短暫的有生之年，他以菩薩精神行醫鄉里、造福鄉民；又以民族情懷從事文學創作，開啟新文學契機。他的一生沒有白白活過，就像媽祖一樣，他燃起胸中的大愛，關懷土地上受苦受難的人民……

給小朋友的貼心話

賴和先生因為親切問診、關懷病人，而被稱為「彰化媽祖」。當你親切的關懷及幫助他人時，你就是在發揮媽祖救苦救難的精神嘍！

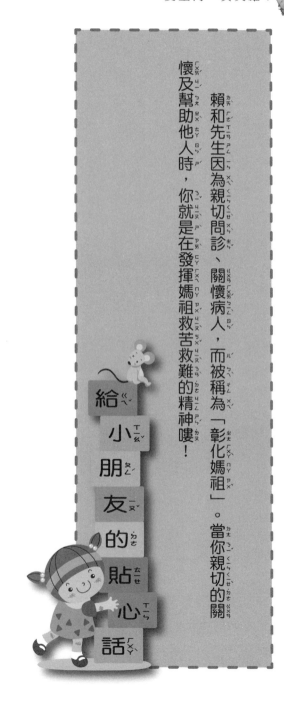

以生命創作藝術——黃土水（一八九五年至一九三〇年）

一八九五年七月的某一天，艋舺祖師廟後街一戶窮苦人家誕生了一個小男嬰，他就是黃土水。

黃土水的父親是修理人力車的師傅，整天敲敲打打；小黃土水有樣學樣，也跟著敲敲打打。因此，他從小練就了一雙靈巧的手。

黃土水的童年生活和住家附近的祖師廟關係密切。小時候，他經常和同伴在廟裡廟外穿梭、徘徊，最吸引他的是牆壁和迴廊上的雕梁畫棟；耳濡目染之下，他小小的心靈洶湧著一股濃得化不開的鄉土情懷。

十一歲那年，出身貧窮家庭的黃土水好不容易才進入艋舺公學校（今老松國小）就讀；但是，僅僅念了一年，父親因病去世，他被迫轉學，不得不離開小時候生長的地方，跟隨母親搬遷到大稻埕，轉讀大稻埕公學校（今太平國小）。

學校附近一家家的佛具店，很快就成為黃土水的新歡。他經常因為愛看師傅雕刻佛像，而忘了回家的時間；那一尊尊慈眉善目的佛像，讓他感覺寧靜和安詳。

公學校畢業後，黃土水不負家人的期望，順利考上國語（日語）學校師範科，享有公費待遇；這讓常為學費擔心、奔波的母親鬆了一口氣，也讓黃土水能無憂無慮的一頭鑽進書海及藝術的天地裡。

在學期間，他往往因沉浸在雕刻世界而忘了吃飯、睡覺。畢業前夕，他將一系列的雕刻作品送給學校留念；校長看了這些作品，驚訝萬分，特別約見他，並當面誇獎。校長認為黃土水是個人

才，擁有一雙雕刻的巧手，將來發展不可限量，便主動幫忙推薦學校，讓他能順利進入東京美術學校就讀。

黃土水成了該校第一個臺籍學生，一踏入校園就受到全校師生矚目。

黃土水來到異邦，免不了害思鄉病；但他全心全力投入雕刻工作，鑽研更精巧的雕刻技術，將鄉愁遠遠拋到腦後。

他也十分注重課業，採取課前預習、課後複習的讀書策略，努力充實自己；因此，學業成績始終名列前茅。

二十六歲那年，黃土水以全校第二名的優異成績畢業，免試直升研究科；然而，捉襟見肘的生活費卻是他的最大夢魘。為了省下費用購買美術材料，他經常僅以番薯充饑；長期下來，導致營養不均衡。儘管日子過得辛苦，健康亮起了紅燈；可是，黃土水對藝術懷抱巨大理想，再清苦的日子依然甘之如飴。

「日本美術界人才輩出，想要嶄露頭角，唯有參加美展；假使能幸運獲得入選，被評審肯定，就能躋身藝術殿堂。」

自從黃土水有了這層認識後，心中便決定要參加日本當時美展中最具權威性的「帝展」。

可是，事與願違。這一年，先是舅舅去世，接著傳來母親生病的消息；黃土水匆匆趕回臺灣照顧母親，母親不久後也往生了。辦完喪事回到日本，他陷入失去母親的極度悲傷中。

黃土水眼看帝展收件的日期已經迫在眉睫，只好強忍哀痛，以十天的時間完成「山童吹笛」的雕像參加比賽。

沒想到，作品獲得入選。他是第一位入選日本帝展的臺灣人，各大報紙無不大肆報導，深深震撼了日本和臺灣的藝術界。

獲得入選的榮耀並沒有讓黃土水驕矜，反而使他更謙虛；接著，他連中二元，又連續兩年榮獲帝展入選。

日本藝術界向他伸出歡迎的雙手，希望他長留日本，可是黃土水並沒有點頭；他的內心發出吶喊，召喚他返回家鄉。

回到臺灣後，黃土水不分晝夜的致力於雕刻藝術工作。為了捕捉水牛的神韻，他特別養了一頭牛，完成系列鄉土作品「水牛群像」；

這幅浮雕作品讓觀者無不感受到泥土的芬芳氣息，並引發內心的鄉土情懷。

黃土水無視於孱弱身體的示警，不管腸子的陣陣劇痛，仍然不停的揮動手中的鑿子；最後因盲腸破裂引發腹膜炎病逝，去世時僅三十六歲！

「水牛群像」壁畫浮雕現存於臺北市中山堂。這位天才型鄉土雕刻家的英年早逝，留給後代子孫無限的唏噓和懷思。

給小朋友的貼心話

每天日夜不停的觀察，讓黃土水先生成為水牛雕刻專家；當你在某方面努力下工夫，也可以成為那方面的達人呵！

不過，努力的同時也要注意身體健康；有健康的身體，才能更有活力的投入自己喜歡的學問及才藝呵！

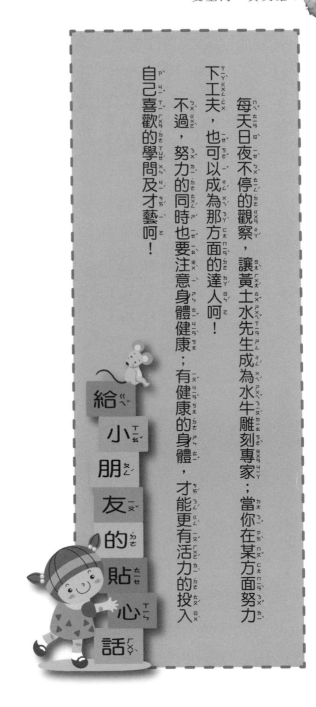

以筆墨伸張正義——楊逵（一九〇六年至一九八五年）

夜幕低垂，天空出現幾顆星星，發出黯淡的光芒；突然，遠處傳來一陣陣狗吠聲，隨著雜亂的跑步聲和軍警的喝斥，槍聲劃破了寂靜的夜空，大家嚇得躲在屋裡不敢吭聲。

十歲的楊逵瑟縮在緊閉的門後，從門縫望出去，剛好看見一幕令他一輩子忘不了的血淋淋畫面——

幾個倉皇逃跑的壯丁，被一群日本軍警堵住，遭到一頓毒打；血從他們的額頭、嘴角流了出來，染得衣服一片殷紅；日本軍警根本不管他們的聲聲哀嚎，棍棒瘋狂的揮打，好像要活活把他們打死似的。最後，日本軍警拖著奄奄一息的壯丁離開。

楊逵驚惶的眼神並未消退，他那晚做了惡夢。

這是發生在一九一五年（民國四年）的「西來庵」事件；臺南玉井爆發大規模的抗日行動，日本人派出大批軍警搜捕滋事者。

這次總共上千人被逮捕，數百人遭屠殺；楊逵親眼目睹，在他小小心靈裡埋下抗日的火種。

「日本人真沒人性，用高壓政策統治臺灣，臺灣人民好可憐。」

事實上，小楊逵恨透日本人，還有另外一個原因。

在日據時代初期，物質嚴重匱乏，人民普遍在貧窮線上掙扎；萬一生了病，沒錢看醫生，只能聽天由命。楊逵的弟妹們一個個染病，卻得不到醫療照顧，一個個夭折；弟妹的早夭，讓悲憤不已的楊逵更恨日本人了。

不過，楊逵就讀小學時遇到一位慈祥的日籍老師。那位老師對楊逵很好，不僅關心他的身體健康，還撥出時間輔導他英文和數學，稍稍抵消了一些他仇日的怒火。

「總督府根本不想讓臺灣讀書人擁有豐富的知識；如果想要廣增知識、拓寬眼界，就必須留學日本。」

中學畢業後，當楊逵將自己的想法向父親表明時，工人出身、收入有限的父親顯得面有難色。好在哥哥們挺身而出，七拼八湊的湊足學費，讓楊逵如願踏上留學之路。

家裡的接濟畢竟有限，楊逵只好以半工半讀的方式籌措學費和生活費。他做過送報員、清道夫和工人；為了省錢，甚至一天只吃一餐。日子雖然過得艱苦，楊逵不以為意，因為他的精神從浩瀚書海中獲得無比的滿足。

後來，傳來臺灣人民覺醒、紛紛組織農會對抗日本人層層剝削的消息；楊逵覺得是他該為鄉親盡心盡力的時候了，便毅然決然的退學返鄉。

楊逵返臺後巧遇志同道合的葉陶，兩人共結連理，一起為農民打拚。他因為言論激烈而觸怒日本長官，被關了好幾回。有一次，又被逮捕入獄，楊逵豁達的說：「沒什麼啦！鐵窗裡吃住免費，可以省下一筆生活費。」

本名「楊貴」的楊逵，當年因為景仰《水滸傳》裡的英雄李逵，因而取筆名為「楊逵」。當年的豪氣和正義還在，他把思緒發揮在文藝創作上，陸續完成許多震撼人心的作品。

一九三四年，楊逵寫的《送報伕》勇奪東京《文學評論》二等獎（一等獎從缺）；後來經由魯迅學生的翻譯，在上海出版後一樣引起廣大回響，奠定了楊逵在文壇上的地位。

為了專心寫作，楊逵在臺中租了一塊地，過著蒔花種菜的生活。本來以為從此可以專心寫作；誰知道，隨著時局的轉變，他的命運逐漸走向險境。

日本戰敗投降，臺灣光復，楊逵和所有臺灣人民一樣，以雀躍的心情迎接國民政府；然而，「二二八事件」爆發，死了不少知識分子，楊逵基於文人的職責，提起正義之筆為文對當局提出建言，寫下了〈和平宣言〉一文，卻被執政當局視為叛亂分子、共產黨的同路人，送往綠島服刑十二年。

來到荒涼偏僻的綠島，楊逵並沒有忘掉原有的志向；雖然肉體受到拘束，可是他的精神是自由的。他把所有精力放在寫作上，以他如椽巨筆，寫下時代兒女的國仇家恨。

出獄後，楊逵遠離政治，以花藝為生；加上作品獲得解禁，本本暢銷，日子過得還算安定恬適。一九八五年，他告別人間，享年八十，文壇頓失憂國憂民的文學大師。

為了讀書，楊逵半工半讀、省吃儉用，甚至一天只吃一餐；因為，「知識就是力量」。

小朋友，當你討厭讀書的時候，想想在學校求學的目的還有好玩的事情，以及那些因環境而不能好好讀書的小朋友，或許就會珍惜能夠安心讀書的時光了。

寫下不朽樂章——江文也

（一九一〇年至一九八三年）

二十五歲的江文也第一次踏上故鄉的土地，內心顯得十分激動。一片綠野平疇中，幾隻白鷺翩翩飛舞；遠處炊煙裊裊，牧童騎在牛背上吹著短笛回家。

「啊！我夢中如詩如畫的故鄉景象出現了！親愛的故鄉，我回來了！」江文也內心吶喊著。

江文也出生於臺灣三芝；原籍福建的他，是江家來臺後的第三代。江文也八歲那年，父親為了擴大生意，舉家遷回福建定居；就這樣，江文也離開了出生地。

然而，臺灣的一草一木，一直縈繞在他內心深處，留下不可磨滅的印象。

江文也後來直接到日本就讀中學，考取工業學校電氣科。其實，他對機械理論沒多大興趣，音樂才是他的最愛。

江文也曾半開玩笑的對同學說：「不要嫌我的學業成績非頂尖，我心中另有所屬呀！那些希奇古怪的機器把我搞得頭昏腦脹；但是，只要碰到五線譜，我立刻精神百倍！」

這是實話。江文也不久後就走上音樂之路，踏入演藝界。二十二歲那年，他加入日本演藝界一家有名的歌劇團，擔任演唱者，逐漸唱出了名氣，也因而牽引出一段姻緣。

上田市市長的女兒愛上唱歌神情專注的江文也，兩人很快的墜入愛河，進而走上紅毯；這是江文也的第一次婚姻。

江文也打響名氣後，受邀回臺參加「返鄉音樂會」；得知這個消息後，他興奮得好幾天睡不著覺。

如今，終於踏上魂牽夢縈的故鄉泥土，看見如詩如畫的家鄉景色，江文也的腦海裡浮現出兒時歡樂的畫面，他的臉上露出欣慰、滿足的笑容。

「兒時的記憶、夢中的幻境，原來就是美麗的寶島。」江文也興奮極了。他不想讓這趟旅程白白過去，他要利用巡迴演唱的空檔，蒐集各地的民歌資料，試著將臺灣民歌融入他創作的音樂中；當然，他還要到處走走，把故鄉美麗的山川風光牢牢印進他的腦海裡。

回到日本後，故鄉的山山水水一直在他的心裡迴響著。於是，江文也運用管絃樂的表演方式創作出一曲「白鷺的幻想」，抒發對故鄉的思念。這首樂曲獲得日本音樂界很高的評價，榮獲日本全國音樂作曲比賽的第二名，奠定了江文也在日本樂壇的地位。

受到這分激勵，江文也再接再厲，創作了一首「臺灣舞曲」，又獲得國際評審的肯定，在柏林的奧林匹克運動會文藝比賽中獲獎，揚威異邦，成為第一個揚名國際樂壇的臺灣音樂家。

「臺灣風情為我帶來榮譽，相信中國山水也能；我想走一趟中國，希望能激發我的創作靈感。」江文也對妻子表達遠赴中國的想法，妻子答應了；她萬萬想不到，這次分手竟是永別。

一九三八年，江文也滿懷憧憬的來到故都北平，進入師範大學擔任教授。有一天，來了一個人拜託他作曲。

「你另請高明吧！我是做音樂的，不懂政治。」江文也起先推辭了。

自稱新民會成員的人彎腰笑臉的說：「就因為您是音樂家，我們才想請您幫忙譜曲，和政治絕對無關！」

其實，新民會是個漢奸組織，江文也一時不察，答應為他們譜曲，以為交差就沒事了；哪裡知道，卻惹來日後的牢獄之災。

當中日戰爭結束、日本宣布無條件投降時，江文也因為曾幫新民會作曲，被國民政府視同漢奸，判刑十個月。

出獄後，江文也在北平一所中學擔任教職。這時候，中國進入國共內戰時期，局面詭譎多變；江文也決定以不變應萬變，和第二任妻子留在北平。

想不到，厄運來得這麼迅速。中華人民共和國成立不久，全國掀起一連串整肅運動，江文也莫名其妙的被扣上「反革命」罪名，遭到殘酷的批鬥。

江文也的家被抄、手稿被毀，連鋼琴也被砸爛；一向斯文的江文也再也受不了，發出獅子般的怒吼：「你們瘋了嗎？那些音樂手稿比

我的生命還重要，你們竟然把它給毀了！」

妻子拉住江文也，淚流滿面的說：「紅衛兵已喪失理智和人性，不要跟他們計較，保命要緊。」

江文也的命是暫時保住了；不過，他的噩夢還沒結束，只是剛開始而已。

整整十年的下放勞改，把一位音樂家折磨得不成人樣。江文也每天背著竹籮筐打掃廁所、做苦工，過著地獄般的痛苦生活。文化大革命結束後，江文也被宣告無罪釋放，重獲自由；只是，他這時已經是個六十七歲的老人了。

江文也雖然步入老年，但心中的音樂火種並未熄滅。他把握剩下不多的歲月，譜出優美的臺灣民歌「阿里山的歌聲」；只是，曲子還沒完成，人已中風癱瘓去世，享年六十八歲。

正如江文也說的：「音樂是美的，而音樂永遠不朽。」他寫出的樂章充滿民族情感和人文關懷，將永遠迴蕩在大家的心中。

江文也念的雖是工業學校，後來還是投入最愛的音樂創作。

小朋友，在求學過程中好好體會並找出自己的興趣，然後全力以赴；不僅可以少走冤枉路，也更容易發光發熱呵！

鉄観音
烏龍

國家圖書館出版品預行編目資料

愛臺灣．眞英雄！／吳燈山／作；陳思涵／繪—
初版.—臺北市：慈濟傳播人文志業基金會，
2014.03〔民103〕272面；15X21公分
ISBN 978-986-5726-01-0 （平裝）
1.臺灣傳記 2.通俗作品

783.31　　　　103003278

故事HOME 27

愛臺灣．真英雄！

創辦者	釋證嚴
發行者	王端正
作　者	吳燈山
插畫作者	陳思涵
出版者	慈濟傳播人文志業基金會 11259臺北市北投區立德路2號
客服專線	02-28989898
傳真專線	02-28989993
郵政劃撥	19924552　經典雜誌
責任編輯	賴志銘、高琦懿
美術設計	尚璟設計整合行銷有限公司
印製者	禹利電子分色有限公司
經銷商	聯合發行股份有限公司 新北市新店區寶橋路235巷6弄6號2樓
電　話	02-29178022
傳　真	02-29156275
出版日	2014年04月初版1刷
建議售價	200元

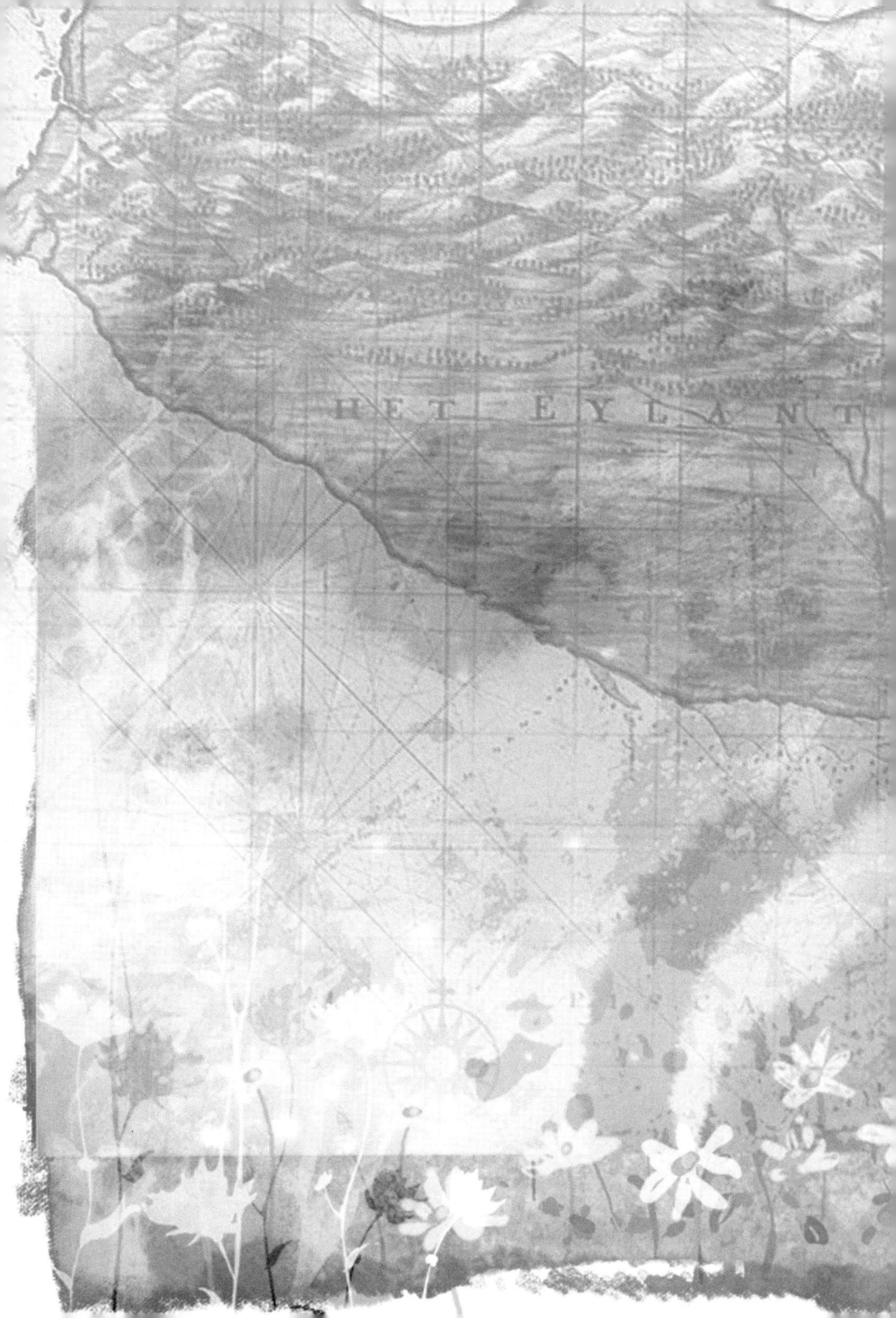
HET EYLANT

O R M O S A

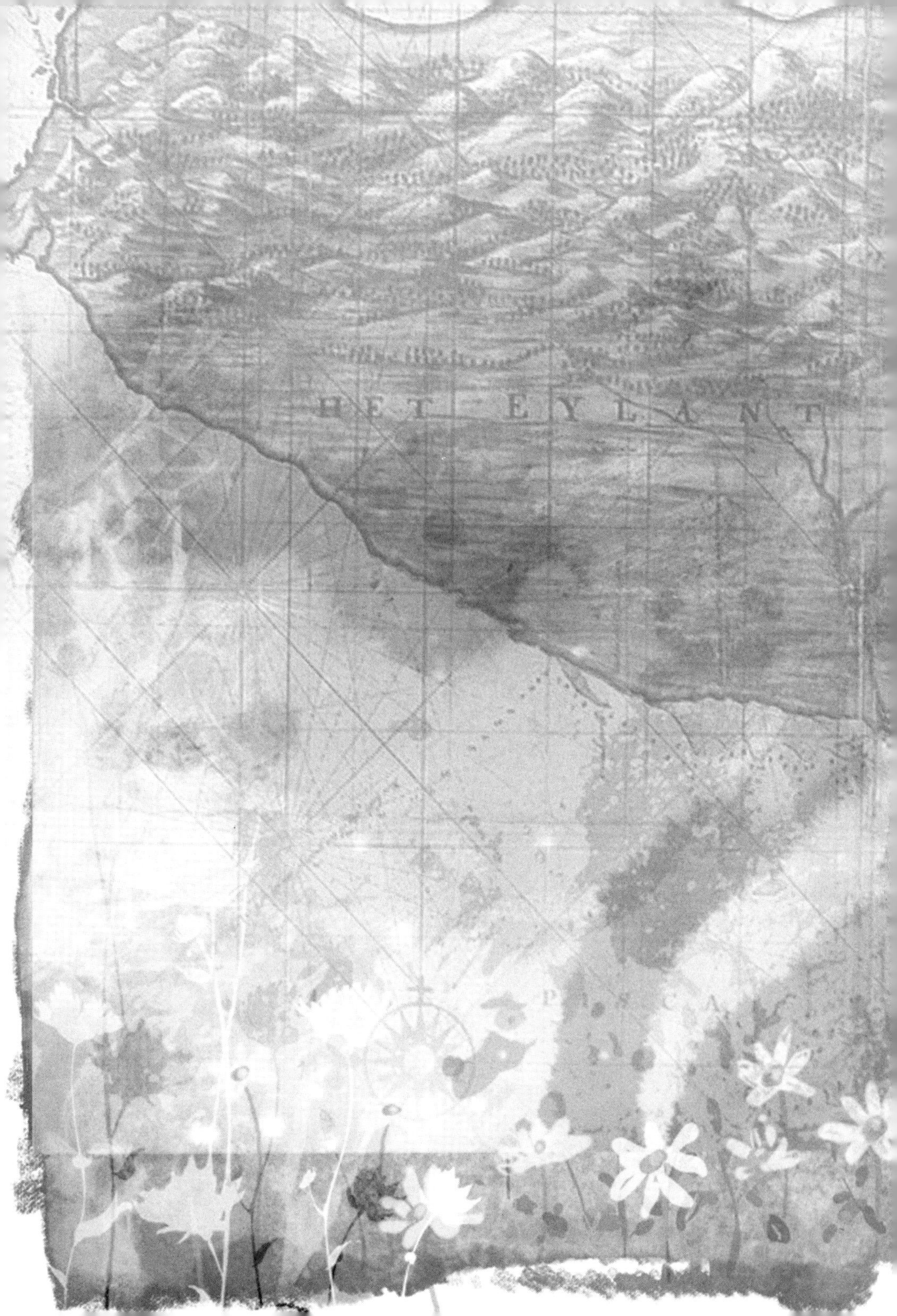
HET EYLANT

O R M O S A